W0467151

Hard way to heaven

Kleine Hilfen für den christlichen Alltag

Michael Müller

Hard way to heaven
Kleine Hilfen für den christlichen Alltag
Michael Müller
Aachen, MM Verlag, 1. Auflage Dezember 2004

ISBN 3-928272-66-7

© Copyright 2004 by MM Verlag, Aachen
Alle Rechte vorbehalten
Umschlaggestaltung: Ursula Ronnenberg
Gesetzt aus der Garamond
Druck und Bindung: Clausen & Bosse, Leck

Inhalt

Ein ganz persönliches Vorwort

Es herrscht so manches vollmundige Getöse rund um Zölibat, Demokratisierung kirchlicher Strukturen, Frauen- und Laienrolle. Nichts furchtbar Neues. Das gab es immer schon. Doch leider übertönt dieses aufgeregte Gezänk und Poltern häufig Substanzielles. Wie beispielsweise die zentrale Frage: Was heißt es eigentlich, Christ zu sein? Tischgebet vor warmen Mahlzeiten, Sonntagsgottesdienst, Münzen für den Klingelbeutel ... Eine Woche hat 168 Stunden. Können also diese paar „Gewohnheiten" reichen, um einen „christlichen Alltag" zu prägen?

Dieses Büchlein ist kein theologisches Traktat. Hier geht es nicht um Wissenschaft, um Dogmatik, Christologie oder Moraltheologie. Denn ich bin kein Theologe. Sondern ein katholischer Laie, Vater von vier Kindern im Alter von vierzehn, zwölf, zehn und sieben Jahren. Und ich bin seit fünfzehn Jahren mit der Mutter dieser vier Kinder glücklich verheiratet. Beruflich bin ich selbständig, stehe also „voll im Leben" wie man so sagt. Ich habe Macken und

Schwächen, begehe täglich Sünden und würde meine christliche Berufung gerne konsequenter leben. Ich bemühe mich hierum, fasse immer wieder Vorsätze und scheitere doch so oft an der eigenen Unzulänglichkeit.

Ich habe dieses Büchlein geschrieben, weil ich so manches erfahren und beobachten durfte. Weil ich gute Lehrer hatte und habe, die mich lehrten und lehren, was Christsein im Alltag, Beruf und Familie bedeuten kann. Diese Lehrer waren und sind einige wenige Heilige, meine Eltern, mein Pfarrer und einige Freunde, von denen manche dem Opus Dei angehören. Ehrlich gesagt bin ich bislang kein Klassenprimus in der konsequenten Christusnachfolge, eher ein lernwilliger, doch mittelmäßiger Schüler gewesen, der hofft, daß Gott ihn trotz seiner Schwächen gern hat. Allerdings ein treuer Schüler, der nicht von der Kirche erwartet, Lehre und Katechismus wegen eigener persönlichen Schwächen und Anschauungen zu ändern. Glaubenszweifel und Unverständnis über manche kirchlichen „Richtlinien" sind mir nicht fremd. Diese aber gehören nicht in die Öffentlichkeit, sondern in das vertrauensvolle Gespräch mit dem Beichtvater.

In diesem Buch geht es vor allem um Praxis. Um kleine Hilfen und Erfahrungen, was Christentum in den Kleinigkeiten und Widerwärtigkeiten des Alltags bedeuten kann. Was Liebe zu Gott und Nächstenliebe konkret heißen. Immer wieder haben mir Ratschläge geholfen, im „Kampf" gegen Lauheit und Gleichgültigkeit hier und dort doch einmal zu „siegen". Nicht immer, aber vielleicht immer öfter. Und ich möchte sie Ihnen, liebe Leserinnen und Leser, gerne weitergeben. Ohne eitle Furcht, Sie könnten sie als zu schlicht empfinden. Denn der Glaube ist letztlich einfach. Und das macht ihn oft so schwer.

Erwarten Sie also bitte keine tiefgründigen theologischen Exkurse. Vielmehr wäre ich Ihnen dankbar für Ihre ganz persönliche Bereitschaft und Offenheit, gegenüber der Frage, ob und wo Sie vielleicht einiges besser „anpacken" könnten auf Ihrem Weg der christlichen Berufung. Wer der Kirche zunächst einmal mit Vertrauen statt Skepsis begegnet, für den kann dieses Buch ein Gewinn sein. Der Weg der Christusnachfolge ist bekanntlich keine Prachtallee, die man im Taxi oder von der Kutsche aus genießen kann. Er ist steinig – und deshalb authentisch. Doch das ist nichts Neues. Denn es gilt nun einmal: *It's a hard way to heaven.*

„Warum flatterst Du wie eine Henne, wenn Du wie ein Adler aufsteigen könntest“, schreibt der heilige Josemaría Escrivá. Ein Bild, das ich meinem Büchlein gerne voranstelle. Auch wenn ich schmunzelnd zugeben muß, vom Adler weit entfernt zu sein und eher einem Albatros zu ähneln, der sich immer schwer mit dem Neustart tut und dem Bauchlandungen nicht fremd sind.

Meinen „alten“ Freund und Weggefährten Dr. Wolfgang Weber, der meinen Verlag von Beginn an als Computerfachmann mit aufgebaut hat und später dann katholischer Priester wurde, habe ich gebeten, eine kurze Einleitung in die Thematik zu schreiben. Das hat er gerne getan. Ihm gilt mein herzlicher Dank. Und nicht nur für seine Einleitung.

Michael Müller

Der christliche Weg ist steinig, doch voll Freude und Schönheit

Einleitung

Was eigentlich ist ein Christ? Er wird getauft, geht zur Kommunion, wird gefirmt, heiratet kirchlich. Sonntags besucht er meistens die Messe, betet daheim vor Mahlzeiten und lutscht in der Fastenzeit keine Bonbons. Er ist tolerant gegenüber allem und jedem, bringt niemanden um, bestiehlt niemanden und verläßt seinen Ehepartner nicht. Das ist doch schon eine Menge. Aber reicht das?

Es gibt eine Begebenheit im Leben Christi, die zu dieser Frage paßt. Ein junger Mann kam zu Jesus und fragte: „Was muß ich tun, um das ewige Leben zu gewinnen?" Jesus antwortete: „Du kennst doch die Gebote: du sollst nicht töten, nicht die Ehe brechen, nicht stehlen, nicht lügen, Vater und Mutter ehren." „Das alles habe ich immer befolgt", sagte der junge Mann. Darauf antwortete Christus: „Eines fehlt dir noch: geh, verkaufe alles, was du hast, gib das Geld den Armen. Dann komm und folge mir nach.“ Als der Mann das hörte, ging er traurig weg, denn er hatte ein großes Vermögen.

Dieses Treffen zwischen Christus und dem jungen Mann ist einzig. Die Worte gelten für seine besondere Situation. Von uns möchte Gott wahrscheinlich nicht, daß wir alles verkaufen und unseren Platz verlassen. Aber dennoch sind die Worte des Gottessohnes hinsichtlich ihrer Radikalität auch an uns gerichtet. Für ein christliches Leben reicht es eben nicht, sich mit ein paar Äusserlichkeiten und einer gewissen bürgerlichen Anständigkeit zufrieden zu geben. Es ist ein bedauerlicher – aber weitverbreiteter – Irrtum, zu meinen, diejenigen, die es mit dem Glauben ganz ernst meinen, sollten Priester, Nonne oder vielleicht noch Lektor oder Kommunionhelfer werden. Nein. Jeder Getaufte ist zur ganzen Größe des christlichen Lebens gerufen! Innerhalb des christlichen Weges gibt es keine Profi- und Amateurliga. Wir alle sind Profis! Und zwar dort, wo wir stehen. Wir sollen unseren Beruf, unsere Familie, unseren Sportverein, alles, was unser Leben ausmacht, nicht verlassen. Gott will uns gerade überall dort als seine Zeugen.

In diesem Buch sollen einige Hilfen für ein christliches Leben mitten in dieser Welt gegeben werden. Dabei wird vor allem deutlich, daß es um die Ganzheit des persönlichen Lebens geht. Ein Christ darf nicht in zwei verschiedenen, säuberlich getrennten Welten leben: die eine mit allen beruflichen, familiären und gesellschaftlichen Angelegenheiten, die andere mit den Dingen, die zum Glauben gehören. Nein, Christ ist man aus einem Guß. Ein christliches Leben mitten im Alltag können wir am besten von den ersten Christen lernen. Das Leben mit und für Christus war bei ihnen kein permanentes Stöhnen und lustloses Erfüllen von Geboten, kein Herummäkeln und Vermeiden jeder Anstrengung, sondern ein begeistertes Zeugnis. Viele von ihnen sind für ihren Glauben in den Tod gegangen, Junge und Alte, Frauen und Männer. Vor allem in der dekadenten römischen Gesellschaft schlug die christliche Botschaft wie eine Bombe ein. Warum? Weil die Christen fest daran glaubten, die Wahrheit gefunden zu haben und ihr ganzes Leben konsequent danach ausrichteten. Christsein hieß für sie, für die Wahrheit Zeugnis geben, mit Wort und Tat.

Was ist Wahrheit?

Spätestens hier wird das eigentliche Problem – unser Problem heute – deutlich: Sind wir Christen heute wirklich von der Wahrheit unseres Weges überzeugt? Halten wir das, was im Glaubensbekenntnis steht – Schöpfung, Jesus Christus Gottessohn, ewiges Leben, Auferstehung – für wahr? Glauben wir an die Wahrheit und Unveränderbarkeit der Gebote und Prinzipien für unser Verhalten, die uns offenbart wurden? Oder sind wir verunsichert und verängstigt gegenüber einer Kultur, die uns weismachen will, daß wir die Wahrheit über solche Dinge grundsätzlich nicht erkennen können?

Jemand, den wir alle kennen, hat eine solche Position vertreten: Pontius Pilatus. Jesus Christus hatte ihm gesagt: „Ich bin dazu geboren und dazu in die Welt gekommen, daß ich für die Wahrheit Zeugnis ablege. Jeder, der aus der Wahrheit ist, hört auf meine Stimme." Pilatus sagte darauf: „Was ist Wahrheit?" Der Römer zeigt sich somit sehr „modern". Denn es wird auch heute gern behauptet, daß nur das als zuverlässig anzusehen ist, was durch Experimente oder Messungen, also naturwissenschaftlich-technisch, bewiesen werden kann. Alles, was außerhalb des materiellen oder technischen Bereichs liegt – so sagt man – bleibe unsicher, hänge von der jeweiligen Ansicht ab, sei eben subjektiv. Das gelte vor allem für Aussagen über den Glauben und die damit verbundenen ethischen Prinzipien. Aus diesem Grund – so denken viele – wird der Glaube an eine absolute, unveränderliche Wahrheit zu einem Hindernis. Er mache intolerant, antidemokratisch, auf jeden Fall störe er den Frieden. Dialog, Konsensfindung ist – so scheint es – nur möglich, wenn alle den Wahrheitsanspruch aufgeben und willens sind, Kompromisse im Dialog zu suchen.

Doch darf man in einer Zeit, die Pluralismus und Meinungen so sehr prägen, von Wahrheit überhaupt noch sprechen? Ein simples Beispiel nur: Angenommen, drei Menschen säßen in einem verdunkelten Raum, in dem sie weder sehen noch hören könnten. Und jeder hätte seine eigene Meinung oder Hypothese über das Wetter, das wohl draußen herrschte. Der eine glaubt an Sonne, ein anderer an Hagelsturm und der dritte an Schnee. Hätte jeder recht? Oder wäre nur ein „Glaube“ wahr?

Was also ist Wahrheit? Wie weit darf Toleranz gehen? Wir können hier nicht darauf eingehen, wie verkürzt das oben skizzierte Toleranzverständnis ist. Klar ist aber, daß es auf den ersten Blick sehr einleuchtend daherkommt und dem nach allen Seiten offenen Menschen von heute sehr nahe liegt. Die Folge aber ist, daß so die wichtigsten Fragen des Menschen über Leben und Sterben, über Gott und Moral der Beliebigkeit, der Willkür und insbesondere den jeweiligen Machtverhältnissen ausgeliefert sind.

Wenn beispielsweise eine Mehrheit dafür gefunden werden kann, daß therapeutisches Klonen erlaubt werden soll, dann wird es eben gemacht. Es scheint sogar logisch, vernünftig und gut für die Menschheit zu sein. Mit den dann möglichen Forschungen – so lautet ein Argument – können Therapien für jetzt noch unheilbare Krankheiten entwickelt werden. Natürlich müsse das alles unter strenger öffentlicher Aufsicht geschehen. Man argumentiert mit den Patienten, denen therapeutisches Klonen nutzen könnte und mißachtet gleichgültig das erforderliche Massentöten von Embryonen. Der Appell der katholischen Kirche, das menschliche Leben von der Zeugung bis zum Tod in seiner unantastbaren Würde zu schützen, wird als fundamentalistische Position gebrandmarkt. So wird der Angriff auf den Kern menschlicher Würde – auf seine tiefste Wahrheit – möglich durch eine Abstimmung. Nach dem Motto: Wahr ist das, was gemacht wird – und gemacht wird das, wofür die meisten sind.

Wenn die Wahrheit immer wieder so vergewaltigt wird, dann geht eine ganze Gesellschaft dem Abgrund entgegen. Das haben wir mit ganzer Wucht im letzten Jahrhundert erfahren, als sich Nationalsozialismus und Kommunismus aufmachten, eine neue Wahrheit über die Welt, den Menschen und die Ethik zu definieren.

Hinter der vehementen Ablehnung einer absoluten (unantastbaren, objektiven, von uns unabhängigen) Wahrheit, die dann natürlich der Maßstab unseres Lebens wäre, steckt in der Regel der traurige Wunsch des von der Sünde verwundeten Menschen, autonom zu sein, selbst für sich zu entscheiden, was gut und böse ist. Er will sich nichts sagen lassen, will keinem Gesetz gehorchen, das er sich nicht selbst gegeben hat. So kommt es – lesen wir in einem Dokument des II. Vatikanischen Konzils – daß die Menschen sich in solchen Dingen gerne einreden, sie seien falsch oder wenigstens zweifelhaft, von denen sie selbst nicht wollen, daß sie wahr seien. Zudem ist zu bedenken, daß die Haltung, eine uns vorgegebene Wahrheit abzulehnen, eigentlich inkonsequent ist. Denn die Behauptung, daß es für uns keine solche Wahrheit gibt, erhebt ja gleichfalls den Anspruch auf Endgültigkeit. So ist diese Position zutiefst widersprüchlich und zielt letztlich darauf, den Menschen selbst zur Quelle der Wahrheit zu erklären. Und das ist im tiefsten Sinne fundamentalistisch.

Die Herausforderung an einen Christen heute besteht in erster Linie darin, die Wahrheit zu zeigen: durch das Lebensbeispiel und durch das Wort. Es ist nicht unsere Wahrheit, sie ist uns von Gott geschenkt und anvertraut und wird von der Kirche behütet. So sind wir Christen Diener dieser Wahrheit – wir verfügen nicht darüber. Jesus Christus fordert uns auf: „Ihr seid das Licht der Welt. Eine Stadt, die auf einem Berg liegt, kann nicht verborgen bleiben. Man zündet auch nicht ein Licht an und stülpt ein Gefäß darüber, sondern man stellt es auf den Leuchter; dann leuchtet es allen im Haus. So soll euer Licht vor den Menschen leuchten, damit sie eure guten Werke sehen und euren Vater im Himmel preisen." Wir dürfen uns nicht davor fürchten, von den scheinbar toleranten Gutmenschen und ihrem mächtigen Medienapparat zu Fundamentalisten oder Arroganten abgestempelt zu werden. Und das ist wahrlich nicht einfach. Es war nie einfach, Zeugnis für die Wahrheit zu geben.

Grundlage für die Stärke des Christen in einer relativistischen Umgebung ist der feste Glaube, daß Christus der Sohn des lebendigen Gottes, und alles was er uns sagt, wahr ist. Glauben wir das nicht, dann wird unser Glaube eine Kulturerscheinung, die sich mit der Zeit ändern und irgendwann einmal ganz verschwinden könnte – oder aufgehen könnte in einer „Weltreligion", die sich aus den „schönsten" Elementen aller Religionen zusammensetzt.

Die Versuchung ist groß, den Wahrheitsanspruch aus scheinbarem Respekt vor dem anderen aufzugeben. Aber das wäre letztlich Bequemlichkeit. Wir würden die Größe und das Edle des christlichen Glaubens verschleudern und ihm seine lebendige Kraft nehmen. Wir würden zudem in einer schäbigen Weise diejenigen verhöhnen, die für diese Wahrheit ihr Leben gegeben haben.

Johannes Paul II. sagte einmal: „Haben wir keine Angst vor der Wahrheit Christi. Öffnen wir ihr die Herzen und den Verstand. Nur er weiß, wer der Mensch wirklich ist. Er hat Worte des Lebens, des ewigen Lebens. Der christliche Weg ist – so hat es uns der Sohn Gottes angekündigt – ein steiler Weg. Aber er ist voller Freude und Schönheit."

Freiheit, Fesseln, Gleichgültigkeit

Ein wichtiges Thema muß noch kurz angedeutet werden, weil es den Menschen von heute zutiefst beschäftigt und ganz eng mit der Wahrheit zusammen hängt: die Freiheit. Auch dazu hat Jesus Christus uns eine wesentliche Orientierung gegeben: „Wenn ihr in meinem Wort bleibt, seid ihr wirklich meine Jünger. Dann werdet ihr die Wahrheit erkennen und die Wahrheit wird euch befreien." Hier wird uns deutlich gesagt, daß die Freiheit an die Wahrheit geknüpft ist. Die Schlußfolgerung ist: Wer nicht in der Wahrheit lebt, ist nicht wirklich frei.

Wie ist das zu verstehen? So verstrickt uns zum Beispiel eine Lüge immer mehr in ihr Netz. Denn, damit nicht auffällt, daß wir gelogen haben, werden neue Lügen nötig. So machen wir uns letztlich zum Sklaven der Lüge. Genußsucht, Habenwollen, Eitelkeit, Machtstreben und so weiter machen uns im wahrsten Sinne des Wortes zu Marionetten.

Von diesen Fesseln befreit uns die Wahrheit Gottes. Es ist unsere Würde als Personen, der Wahrheit Gottes, dem Guten, frei zuzustimmen. Es ist unser tiefster Grund. Wir sind eben nicht Sklaven, sondern Freie, Kinder Gottes, zur Freiheit berufen. Sie ist uns geschenkt, damit wir uns selbst verschenken können. Nur wer sich immer wieder von den Banden des Egoismus, der Sinnlichkeit und des Stolzes befreit, ist imstande zu lieben. Dazu brauchen wir Gottes Licht.

Wer sich der Wahrheit Gottes verschließt, sein Gewissen also „undurchlässig“ macht für das göttliche Licht, ist auf sich selbst zurück geworfen und wird blind. Dann erschafft er sich selbst die Wahrheit für sein Handeln. Oder diese Wahrheit wird ihm von verschiedenen „Wahrheitsproduzenten“ angeboten. Das können Ideologien sein, aber auch so banale Dinge wie: Lust sofort. „Ich habe jetzt Lust dazu, also mache ich es.“ So wird der Mensch von seinen Leidenschaften hin und her gerissen. Bald stellt sich Traurigkeit ein, wenn er feststellen muß, daß ihn das alles nicht wirklich glücklich macht. Die Freiheit ist zur Beliebigkeit, Bindungslosigkeit und Gleichgültigkeit degradiert. Das Fatale an solch „verwahrloster" Freiheit ist die Meinung, man sei besonders frei. Leider ist die Blindheit so gewachsen, daß kein Gespür mehr dafür existiert, in einer Zelle eingesperrt zu sein.

„Die Wahrheit wird euch frei machen!" Diese Worte Christi sind für uns heute – unendlich! – wichtig. Johannes Paul II. hat zu Beginn seines Pontifikats die folgenden Worte gesprochen, die uns für den großartigen christlichen Weg neu begeistern können:

„Habt keine Angst! Öffnet, ja reißt die Tore weit auf für Christus! Öffnet die Grenzen der Staaten, die wirtschaftlichen und politischen Systeme, die weiten Bereiche der Kultur, der Zivilisation und des Fortschritts seiner rettenden Macht! Habt keine Angst! Christus weiß, was im Innern des Menschen ist. Er allein weiß es! Heute weiß der Mensch oft nicht, was er in seinem Innern, in der Tiefe seiner Seele, seines Herzens trägt. Er ist deshalb oft im Ungewissen über den Sinn seines Lebens auf dieser Erde. Er ist vom Zweifel befallen, der dann in Verzweiflung umschlägt. Erlaubt also – ich bitte euch und flehe euch in Demut und Vertrauen an –, erlaubt Christus, zum Menschen zu sprechen!“

Dr. Wolfgang Weber

„Wie geht's?"

Ein klein wenig Dankbarkeit ...

„Danke, gut." Wie häufig haben Sie sich schon bei dieser „Notlüge" ertappt? Denn, mal ehrlich, wen interessiert schon unser wahres Befinden? Und abgesehen hiervon, wem geht es schon wirklich gut?

„Eigentlich können wir ganz zufrieden sein ...", sagt die 35jährige Mutter, um dann nur zu jammern. Ihr Mann arbeitet zuviel, der Klavierunterricht ist so teuer, ihre Migräne, Tom hat Schulprobleme und sie selbst kaum Zeit für sich. Klar, sie hat gesunde Kinder, einen liebevollen Mann, lebt in einem schmucken Reihenhaus im „besseren Viertel", zwei Autos parken vor der Tür, Sommer- und Winterurlaub sind garantiert, und, und, und. Aber sonst eben ...

Man klagt und stöhnt, leise und laut, über sich und die Welt. Obwohl man weiß, „eigentlich doch keinen Grund" zu haben. Armut, Hungersnot, Naturkatastrophen, von all dem bleibt man verschont. Und doch knabbern die kleinen Sorgen und Widrigkeiten hungrig an Zufriedenheit und Glück.

Unzufriedenheit über die Umstände – sie kann zum Neid wachsen. Denn der Blick auf „die anderen", Nachbarn und Freunde, Kollegen und Verwandte, ist meist hellwach. Was die sich alles leisten können – und wir? Ihr Mann macht Karriere – und meiner? Wie die aussieht in ihrem Alter – und ich? Was die für Glück mit den Kindern haben – und wir? Was der wieder geerbt hat – und ich?

Dann das Leiden an sich selbst, an Charakter und Psyche. „Wo stünde ich, hätte ich doch sein Selbstbewußtsein." „Hätte ich doch die geheiratet ..." „Hätte ich bloß sein Mundwerk, sein Auftreten." Wäre, hätte, könnte ...: ein Leben im Konjunktiv. Selbstmitleid keimt auf, die Lebensfreude schwindet, der Neid wächst, das Herz wird eng. Ein Teufelskreis. Der Neid stellt eine der Formen des Trübsinns dar und entspringt oft dem Stolz, heißt es im Katechismus. Neid, Trübsinn, Stolz, derselbe Teufelskreis.

Bei allen Alltagssorgen – ein wenig Dankbarkeit kann Wunder wirken! Dank für Erreichtes, Unverdientes, Glück, Gesundheit, die Schönheit der Natur, für Kleinigkeiten des Alltags! Oft ist das Gebet ein reiner Bittkatalog, der hastig abgearbeitet wird.

Oft fehlt ein einziges, von Herzen kommendes Dankeswort für die „Geschenke“, die man als „Normalität“ verbucht!

Helfen kann auch die Demut, die unspektakuläre Bereitschaft zur Annahme des Willens Gottes. Der jeden einzelnen, mit Fehlern und Stärken, erschaffen hat und liebt. Das heißt nicht, die Hände in den Schoß zu legen und alles zu nehmen, wie es kommt. Ist doch Gottes Wille! Das Bemühen, an sich zu arbeiten, der Einsatz für die materielle Sicherheit der Familie und vieles mehr – das alles erspart die Demut nicht. Sie ist gefordert, wenn trotz aller Mühen die Bilanz wieder einmal ein Soll ausweist. Gott braucht keine „Erfolge“ der Menschen, er freut sich über Bemühen aus Liebe.

Dankbar und demütig durch diese, trotz allem, schöne Welt zu gehen, kann helfen, fröhlicher, wohlwollender und zufriedener den Alltag zu meistern. „Wie geht's?“ „Danke, gut.“ Trotz Dankbarkeit und Demut werden wir wohl weiter manchmal schummeln müssen.

Die Meinung in's Gesicht sagen

Tratschen, Mobbing, miese Stimmung

„Wenn du nicht loben kannst, dann schweige", schreibt der heilige Josefmaría Escrivá. Natürlich dachte er hierbei nicht an das Vier-Augen-Gespräch, sondern die Öffentlichkeit. Starker Tobak! Denn wer macht sich nicht gerne im Kollegen- oder Freundeskreis damit wichtig, daß er etwas Negatives, Spekulatives oder Peinliches über andere zu berichten weiß.

Mit kleinen stichelnden Bemerkungen fängt es an, sobald ein Dritter die Bürotür hinter sich verschlossen hat. Und ganz allmählich wird die Luft verpestet, „miese Stimmung" macht sich im Büro breit, die immer häufiger im Mobbing endet. Politiker sprechen davon, daß Mobbing „das größte Problem an deutschen Arbeitsplätzen" ist. 1,6 Millionen Fälle von Mobbing sind bundesweit jährlich bekannt. Gesundheitliche Folgen bei den Betroffenen und volkswirtschaftliche Schäden in Milliardenhöhe seien die Folgen.

Alltag in Unternehmen, Kirchen, Vereinen, Verbänden, Parteien und an Stammtischen. Eben überall dort, wo Menschen zusammenkommen, reden, schwätzen, arbeiten, miteinander konkurrieren. Viele leiden hierunter, auf allen Etagen. Wurzel des Übels ist des Menschen liebstes Gesellschaftsspiel: das Reden, das Tratschen über andere hinter deren Rücken! Man sieht sich zu oft, da gehen die Themen aus. So wird selbst unter Bekannten und Freunden eifrig getuschelt und geschwätzt. Über Ehe, Fehler, Macken, Versäumnisse, Aussehen desjenigen, der gerade nicht anwesend ist.

Selbstverständlich meint man es ja nur gut. Man will doch nichts Böses sagen, und doch haut man „den anderen" zugleich intelligent, humorvoll oder deftig in die Pfanne. Oder schafft mit Andeutungen eine Art „Anfangsverdacht". Der reicht für Gerüchte, die sich rasend schnell verbreiten und an Umfang und Inhalt zunehmen. Man hat ihn ja eigentlich gern, und deshalb ist es ja Freundes- oder Kollegenpflicht, ihn vor anderen zu analysieren, zu diagnostizieren und zu therapieren. Seltsam nur, daß man sich häufig „danach" ärgert: Hätte ich doch nur meinen Mund gehalten ...

Wüßte schon in einem kleinen Freundeskreis jeder einzelne, was der eine über den anderen erzählt – es gäbe diesen Freundeskreis nicht mehr. Häufig ist es einem gleichgültig, ob das, was jemand über einen Dritten zu sagen hat, wahr ist oder ob man es von Vierten oder Fünften bloß gehört hat oder selbst nur vermutet. „Du sollst kein falsches Zeugnis ablegen über Deinen Nächsten", heißt es im achten Gebot des Dekalogs.

Lassen wir es doch einfach mal sein! Sich eine dumme Bemerkung über andere zu verkneifen, selbst wenn man sich mit der „Neuigkeit" interessant machen oder einen billigen Lacher in der Runde ernten könnte! „Wenn du nicht loben kannst, dann schweige." Einfach mal den Mund halten, wenn einem nach Tratschen zumute ist. Ob es geht, hängt nicht vom Wetter, nicht von Gesetzen oder den bekannten „Umständen" ab – es liegt an uns. Mund halten, schweigen. Garantiert wird es uns besser gehen, wenn wir es geschafft haben, auf eine Bemerkung oder „Analyse" zu verzichten.

Und noch etwas: Wenn wir ihn wirklich gern haben, den anderen, wenn wir ihn schätzen – und es ernst meinen mit ihm, dann gibt es nur eins: ihn selber anzusprechen, unter vier Augen. Ihm zu gestehen, daß man mit seinem seltsamen Benehmen nicht klar kommt, daß er sich albern benimmt, an Mundgeruch leidet, daß er Fehler macht in seiner Ehe oder Partnerschaft. Das kann schwer, sauschwer fallen. Doch meist ist es einfacher, als man glaubt. Natürlich, möglich ist auch, daß der andere aufbraust, sich ärgert, rechtfertigt, uneinsichtig gibt. Trotzdem, nur solch ein freundschaftlicher Rat oder eine kollegiale Zurechtweisung kann dem anderen wirklich helfen! Vielleicht sieht er es später ein, wenn er alleine ist und sich Gedanken macht. Und das gilt nicht nur für Freunde oder Kollegen, sondern auch für Ehepartner.

„Wenn du nicht loben kannst, dann schweige." Verflixt schwer, weil man sich eigenartigerweise stets mit negativen „Nachrichten" interessant machen kann. Die Sünde bleibt nun mal attraktiver als die Tugend. Trotzdem, bemühen wir uns! Testen wir es mal für ein paar Wochen: in der Öffentlichkeit nur Positives über andere zu sagen. Oder zu schweigen. Kleine Schritte haben oft grosse Folgen: Mobbing und schlechte Stimmung hätten kaum noch eine Chance. Und der Himmel würde applaudieren.

Großzügigkeit des Herzens

Liebe zeigt sich in Taten, nicht in Worten

„Meinst du, nur weil du sonntags in die Kirche rennst, wärst du ein besserer Mensch als ich?“ Manch einer wird diesen Vorwurf eines Freundes kennen. Die Frage offenbart vieles: Unbehagen des Freundes, ob er wohl selbst so richtig lebe. Sein hoffentlich falsches Urteil, der andere fühle sich als „besserer Mensch“. Unkenntnis über das wirkliche Spektrum christlichen Lebens. Und den Verweis auf die sogenannten „Sonntagschristen“.

Der Glaube ist kein „Werteangebot“, aus dem sich jeder nach Belieben etwas rauspicken soll. Und wer für sich beansprucht, „praktizierender Christ“ zu sein, der wird sich kaum mit dem „Engagement“ einer einzigen Sonntagsstunde begnügen. Berufung und Liebe erfordern mehr. Der christliche Glaube kennt wie andere Weltreligionen Gebote und Pflichten. Selbst wenn sie kaum noch jemandem bewußt sind, seit in manchen Gemeinden so engagiert getöpfert und „meditativ getanzt“ wird. Warum steht in kirchlichen Bildungsangeboten so wenig von Gott, von Christus, von den Sakramenten? Ist es Christen peinlich, von Geboten, Pflichten und Tugenden zu sprechen? Soll ein Christ töpfern? Natürlich. Mit seiner christlichen Berufung aber hat das nichts zu tun.

Liebe zeigt sich in Taten, nicht in Worten. Das gilt auch für die Liebe zu Gott. Wen man liebt, für den hat man Zeit. Gott ist im Tabernakel präsent – und meist sehr einsam. Ein Besuch des Allerheiligsten während eines Einkaufsbummels oder nach Feierabend, um Gott ein Stoßgebet zu schenken. Tägliche Gebetszeiten, fünf Minuten morgens und abends, um ihm Sorgen anzuvertrauen, zu danken, um im Evangelium zu lesen. Auch wenn die Lust fehlt, eigentlich keine Zeit ist. Eine kurze Gewissenserforschung am Abend, um Bilanz zu ziehen über Verfehlungen, mangelnde Großzügigkeit, „Erfolge".

Die Sakramente empfangen. Das Sakrament der Eucharistie, auch hier und da wochentags. Fehlt wirklich die nötige Zeit, oder mangelt es an eigener Großzügigkeit? Die persönliche Sündhaftigkeit akzeptieren und nach Fehltritten die Scham vor dem Bekenntnis überwinden, die Beichte aufsuchen, um neu durchstarten zu können.

Kleine Opfer bringen. Christus hat uns nicht im Liegestuhl erlöst, sondern am Kreuz. Und Christen sind berufen, sein Erlösungswerk fortzusetzen, daß sie Miterlöser sind. Es geht nicht um spektakuläres Märtyrium, sondern um diskrete Opfer: der Verzicht auf die zweite Tasse Kaffee, die dritte Zigarette, einen Film, einen Blick aus dem Auto auf eine aufreizend gekleidete Frau. Kleinigkeiten, die man Gott aufopfert: „Hier, Herr, für dich."

Das Befolgen der Kirchengebote, Beachten des Dekalogs, Bemühen um christliche Tugenden und evangelische Räte: Keuschheit, Armut, Gehorsam. Ein weites Feld, das hier den Rahmen sprengen würde.

Christen sind gerufen, ihre Nächsten zu lieben. Auch diese Liebe hat konkrete Namen: Rücksicht, Anteilnahme, Aufopferung. Das tägliche Bemühen um ein gutes Verhältnis zum schwierigen Kollegen kann mehr verlangen als ein spektakulärer Solidaritätsmarsch für die Dritte Welt. Ein Freund in Not – ringt man um gute Ratschläge, nimmt man sich Zeit oder „paßt es gerade leider nicht"? Liebe kann heißen: Zuhören können und nicht nur von sich erzählen. Sich anstrengen, ein guter Vater und Ehemann zu sein, und nicht nur über den „Wert der Familie“ dozieren. Für die Familie auf eigene zeitaufwendige Hobbys verzichten. Die alte Mutter besuchen, die sich so danach sehnt. Da, wo es nötig ist, mit Geld zu helfen, statt nur zu reden oder zu beten. Nicht zu knausern mit Zeit, Hilfe und Geld.

Ja, das „Programm“ bietet einiges. Der Reichtum an Möglichkeiten, die Liebe zu Gott und den Nächsten zu konkretisieren, ist gewaltig. Wer sich zuviel vornimmt, kann rasch resignieren. Wer es ernst meint, sollte das „Programm“ mit Hilfe eines guten Trainers angehen. Die Kirche hat viele davon. Wer aber glaubt, sein „Pensum“ auf Sonntagsmesse und hastig geschlagenes Kreuzzeichen vor der warmen Mahlzeit rationalisieren zu können, der parodiert christliches Leben. Der wird nie erfahren, wie befreiend sie ist, die „Großzügigkeit des Herzens“.

Anstrengung, Kampf und Ausdauer – sie sind der Sprit im Bemühen um diese Großzügigkeit. Dem vorwurfsvollen Freund sollte man dieses „Programm“ erklären. Vielleicht fängt er Feuer. Möglich auch, daß er abwinkt. Denn: *It's a hard way to heaven ...*

Josef – was für ein Mann!

Vertrauen, Starkmut, Dankbarkeit

Josef von Nazareth kennen wir vor allem aus der Weihnachtsgeschichte. Da steht er, als alter Mann mit langem Bart, gestützt auf einen Stock, neben der Krippe und schaut gütig auf das Kind herab. Josef als Opa, beinahe als Statist.

Eigentlich ärgerlich. Denn Josef war kein „alter Mann". Jung war er, dynamisch, verliebt in Maria. Ein Jahr sollte die Verlobungszeit bis zur Hochzeit dauern. Ein langes Jahr. Und die Juden kannten keine „voreheliche Lebensgemeinschaft". So kann man sich gut vorstellen, wie Josef die Hochzeit herbeisehnte. Daß auch ihm sicher das Warten schwer gefallen sein wird.

Und dann das: Maria offenbarte ihm plötzlich, daß sie ein Kind erwartete. Und das in der Brautzeit. Josef wußte sehr gut, daß das Kind nicht von ihm sein konnte. Einen Scheidebrief wollte er Maria nicht ausstellen. Einen solchen Brief in Gegenwart von zwei Zeugen zu überreichen, war bei den Juden auch vor der Hochzeit schon

Sitte, wenn die Braut sich nach der offiziellen Verlobung versündigt hatte. Josef aber wollte Maria nicht bloßstellen. Und so heiratete er sie.

Welch ein Vertrauen. Zu einem Menschen, den er liebte. Zu dem Engel, der ihm erschien, und den er nicht als puren Traum oder Wahnvorstellung abtat. Und zu Gott, dessen Sohn seine Verlobte erwartete. Was für ein Mann! Da sagt ihm die Frau, die er heiraten will, sie erwarte ein Kind, das nicht von ihm sein kann. All seine Lebenspläne auf den Kopf gestellt. Doch er bleibt. Er vertraut. Sicher wird Josef mit sich gerungen haben. Was war da mit Maria? Konnte es sein? Gab es einen Liebhaber? Welcher Mann hätte wohl hier vertraut? Dann die Geburt unter widrigsten Umständen. Die Flucht mit Maria und dem „unehelichen Kind" nach Ägypten. Nein, Josef dachte nicht dran, „abzuhauen".

Vertrauen zu Gott und zu Menschen, die man liebt. Die absolute Bereitschaft, sich als Werkzeug „mißbrauchen" zu lassen. Was ist mit unserem Vertrauen? Zweifellos gibt es Furchtbares, Tragisches, Dramatisches. Hier ist es eine Krebsdiagnose, dort eine Ehe, die in die Brüche geht. Kinder, die auf die

„schiefe Bahn" geraten, der Verlust des Arbeitsplatzes in schwierigem Alter. Das kann Glaube und Vertrauen wanken lassen.

Gesundheit und Beruf, Kinder und Ehe, Haus und Urlaub – all das bestimmt Alltag und Leben. Und wehe, nicht alle Details stimmen. Nörgelei, Stöhnen, Lamentieren, Hadern mit dem eigenen „Schicksal" und mit Gott – obwohl es eigentlich oft um „Kleinigkeiten" geht. Manch einer verliert den Blick für die Relationen. Lebens-, Kranken- und Sozialversicherung lassen vergessen, daß das Leben ein Existenzkampf ist. Daß wir auf der Erde leben, nicht im Paradies. Daß es die Erbsünde gibt und Gott den Menschen verschieden schwere Prüfungen auferlegt. Sobald „Schlimmes" passiert, steht der Sündenbock rasch fest: „Wo warst du, Gott?" titeln die Boulevardblätter, die ihn ansonsten gerne beleidigen.

Dabei verschwimmt der Blick dafür, daß Gott unser Bestes will. Der Blick für Gutes, für all das, was „klappt", wird trübe. Man nimmt es nicht mehr wahr. Fast alles ist selbstverständlich geworden. Essen aus dem Supermarkt, das „Recht" auf Gesundheit, weil man Beiträge bezahlt. Keine Naturkatastrophen, kein Krieg bei uns. Keine

Seuchen und Plagen, wie die Geschichte sie kennt. Alles läuft wie geschmiert. Da gewinnen die kleinen Nadelstiche besonderes Gewicht und lassen Vertrauen schwinden.

Gottvertrauen und Dankbarkeit! Es gibt eine wertvolle Erfahrung: Dankbaren Menschen schenkt man gerne etwas. Das wird bei Gott nicht anders sein. Gott vertrauen und ihm danken – für all das „Selbstverständliche". Danken – auch wenn wir wieder einmal nur bitten und betteln möchten. Das ist menschlich.

Und für uns Menschen gilt nun einmal: *It's a hard way to heaven ...*

„Schatz, es wird etwas später …“

Fluchtwege und Versuchungen für Väter

Es war ein harter Bürotag. Telefonate, Besprechungen, Faxe, E-Mails, Kundengespräche, Briefe diktieren, Ärger, Hoffnungen, kleine Erfolge, kaum Zeit fürs Mittagessen. Nervig war es, streßig. Und das bei 31 Grad in seinem Büro.

Jetzt war es 18.30 Uhr. Eigentlich Zeit, um nach Hause zu fahren. Er saß an seinem Schreibtisch und starrte aufs Telefon. Endlich Ruhe. Und daheim? Jetzt begann gerade die Phase, die seine Frau und er „Kampfzeit“ nannten. Die Kinder kehrten müde und schmutzig vom Spielen zurück. Ab in die Badewanne, Füße schrubben, Haare waschen, Abendessen, Schultaschen packen; dem Älteren mußte noch jemand Vokabeln abhören, dic Kleineren bestanden drauf, daß ihnen noch jemand was vorlas. Rasch noch das Gröbste aufräumen, Zähne putzen – das übliche Programm halt. Er kannte das.

Was tun? Seine Frau anrufen und gestreßt erklären: „Schatz, da ist noch ein Termin … Es wird etwas später.“ Einfach hierbleiben, noch ein paar „harmlose Dinge“ erledigen, für die auch morgen Zeit wäre, die Ruhe genießen – und später dann nach Hause fahren, wenn dort alles gelaufen war, um stöhnend in den Sessel zu fallen. Männer wissen nur zu gut, wie man auf „Termin“, auf „Arbeit“ macht. Sie kennen ihre Fluchtwege vor der Arbeit, die zu Hause wartet. Die Mütter haben sie nicht. Sie können nicht „auf Termin machen“, nicht abhauen oder einfach später kommen. Klar, manchmal geht es bei den Vätern nicht anders. Da gibt es tatsächlich noch Arbeit, Termine und Besprechungen im Büro. Doch längst nicht immer.

Er raffte sich auf. Nein, dieses Mal wollte er seiner Frau helfen. Als er mit seinem Wagen in die Garage fahren wollte, lagen Fahrrädchen, Skater und Roller quer auf dem Bürgersteig und in der Einfahrt und versperrten ihm den Weg. Leise fluchte er vor sich hin. Hätte „sie“ das nicht wegräumen können? Und da ging auch schon die Haustüre auf, und ruckzuck standen alle Kinder barfuß, schmutzig und verschwitzt vor der Tür: „Hallo Papa!“ riefen sie. „Darf ich noch Computer spielen?“ „Kannst du mit mir noch ein paar

Bälle aufs Tor schießen?" „Papa, mein Fahrrad ist platt!" „Papa, du mußt mir noch was einscannen für unsere Schülerzeitung."

Er räumte rasch die Fahrzeuge der Kinder beiseite, fuhr den Wagen in die Garage, lockerte vor dem Aussteigen den Kravattenknoten, atmete einmal tief durch – und stieg aus. „Hallo Kinder", rief er bemüht heiter. „Wie war euer Tag?"

Alltag in Familien, Alltagsversuchungen für Väter, die natürlich ihre Frauen und die Mütter ihrer Kinder lieben. Doch was heißt das, Liebe? Dieses inhaltsträchtige Wort, das oft zum Pathos verkommt. Die Liebe zeigt sich nicht in großen Schwüren oder spektakulären Aktionen. Sie ist kein „Gefühl", das nur geweckt werden soll, wenn einem gerade „danach ist". Sonst wäre sie doch nicht „authentisch", eher geheuchelt, sagen manche. Unsinn, hier wird Liebe mit Lust und Laune verwechselt. Liebe heißt Treue, die sich in den kleinen Dingen des Ehe- und Familienalltags beweist. Der Blumenstrauß ist wichtig, darf aber nicht die Hilfe zu Hause und die väterliche Verantwortung gegenüber den Kindern ersetzen.

„Herr, laß mich ein freundliches Gesicht machen, wenn ich zu Hause ankomme! Egal, ob mir danach ist!" – ein Stoßgebet, das so manchem Vater hilft, wenn er am Abend müde im Auto nach Hause fährt. Nach einem langen Bürotag, jetzt die eine oder die zwei Stunden, die zu Hause „warten", die auch noch packen! Nicht mit vergrätztem Gesicht, in gereizter Stimmung. Keine Chance dem inneren Schweinehund lassen, der flüstert, das alles sei doch nicht auch noch Sache des Mannes, sondern „ihr Bier" – er sei doch schon für's Geldverdienen da. Dran denken, welches Pensum die Ehefrau, die am Morgen meist als erste aufsteht, und die selten vor 22.00 Uhr „Feierabend" hat, wohl heute hinter sich gebracht hat. Helfen, anpacken, noch mal ganz für die Kinder, für die Frau da sein! Nicht nur physisch. Und Verständnis zeigen, wenn die Ehefrau später todmüde ins Bett fällt und nicht mehr fur eheliche Zärtlichkeit zu haben ist.

Genau das hat mit Liebe zu tun! Andere glücklich machen, sie zu lieben, ihnen in den kleinen Dingen zu helfen. Und das mag auch Freude bereiten. Trotzdem, hart ist es allemal, wenn dieses Bemühen nicht auf den Muttertag beschränkt bleiben soll. „Er" jedenfalls fährt jetzt stets um 18.30 Uhr nach Hause. Immer? Nein, nicht immer, aber immer öfter. Denn eines aber gilt (leider) immer: *It's a hard way to heaven!*

Tausend Gründe und der eine Grund

Gott hat uns für die Freude erschaffen!

Die Vielzahl an „Comedy-Shows“ und „Ulk-Events“ läßt Deutschland zwar gerne grinsen und herzhaft lachen (Was gut ist!), doch fehlt es vielerorts an Freude, Frohsinn, Zuversicht. Auch in der Kirche, auch unter Christen. Und sogleich fällt es einem wieder ein, jenes Zitat von Friedrich Nietzsche von den „unerlöst dreinschauenden Christen“, das man eigentlich nicht mehr hören kann. Doch Nietzsche hat recht. Die Freude ist für Christen eigentlich ein Muß! So fordert auch der Dramatiker Paul Claudel: „Lehre sie, daß sie keine andere Pflicht auf der Welt haben als die Freude.“

Doch die Realität ist eine andere. In der Kirche selbst wird geklagt, gerungen, gemotzt und lamentiert. Und auch „privat“ jammern wir gerne permanent und auf hohem Niveau, als wären wir auf Negatives geradezu fixiert. Ist denn wirklich alles so „schlimm“? Ein Blick auf „Banales“: Wir haben ein Dach über dem Kopf. Ein Auto wartet in der Garage, Fernseher und Kühlschrank stehen im Haus. Die Heizung funktioniert, wir werden medizinisch erstklassig versorgt. Wir haben zu essen, Kleidung und eine Kirche vor der Haustür. Erdbeben, Bomben, Epidemien – all das ist uns fremd. Wir können unseren Glauben leben und sagen, was wir denken. „Banales"? Keineswegs selbstverständlich für Milliarden von Menschen.

Gott hat uns wohl kaum erschaffen, damit wir möglichst jammern und uns sorgen. Gott hat uns für die Freude erschaffen! Alleine das beweist schon die Schönheit dieser Welt und Schöpfung. Der Christ soll und darf froh sein, erlöst zu sein! Leben und lieben zu können! Andere Menschen für Christus und unseren Glauben zu gewinnen. Wen werden wir wohl mit langem Gesicht für die „frohe Botschaft" begeistern?

Freude ist keine Tugend. Man kann auch niemandem vorschreiben, sich zu freuen. Doch Freude ist eine Folge echter Tugend und Liebe. Und auch hier kann man tapfer darum ringen, daß all diese kleinen Alltagssorgen uns nicht beherrschen, daß die wahre Dimension, das eigentliche Ziel klar bleibt. Wenn auch der Christ als Mensch tausend Gründe hat, traurig zu sein, als Christ hat er immer wenigstens einen, froh zu sein, nämlich, daß Gott mit ihm ist.

Doch nicht nur Handeln, auch Unterlassen kann helfen. Ständig in Selbstmitleid zu verfallen, Hoffnung und Zuversicht zu verlieren, es bringt nichts – außer schlechter Laune, unter der unsere Umgebung dann häufig leiden muß. Und manches wäre gewonnen, wenn das lähmende Jammern über die „ach so gottlose Zeit" leiser würde. So gottlos ist sie nicht. Nur läßt sich Gott nicht täglich in die Karten schauen.

Fast jeder Mensch liebt das Leben hier auf Erden trotz allem Leid so sehr, daß er sich häufig daran klammern möchte, wenn der Tod naht. Das gilt auch für Christen. Sie aber leben zugleich aus einer anderen, nicht nur horizontalen Perspektive: weil sie durch Christus erlöst sind und für sie das Leben nach dem Tode erst beginnt. Kein billiger Trost, sondern Grund für echte Freude! Auch wenn unsere Alltagssorgen das Wissen hierum wieder einmal verdrängen. Es ist nun mal so: *It's a hard way to heaven!*

Wer zum Arzt geht, will nicht müffeln

Beichtstuhl und Sauna

„Ein gesunder Geist wohnt in einem gesunden Körper“, sagten die alten Römer. Und die deutsche „Romhörigkeit“ ist ja bekanntlich gewaltig. So auch hier: Legionen keuchen, schwitzen und hecheln – beim Joggen, Walken, auf Mountainbikes und Laufbändern. Frauen und Männer, Jung und Alt. Bewundernswert, bisweilen peinlich.

Die Show geht weiter, längst ist „Wellness“ Kult. Ihr geht es nicht nur um Bizeps und Kondition. Wellness sorgt sich „ganzheitlich“ um das Wohlgefühl des Menschen. Wellness will fürsorglich helfen, den Körper zu „begreifen“ – im Interesse der Seele. Sie einfach „mal baumeln lassen“, als „Seelenmassage“. Ja, das sei „Balsam für die Seele“. In sich hineinlauschen, noch ein Gürkchen auflegen, durchatmen.

Klingt gut, und tut sicher gut. Heile heile Gänschen, die Seele soll weichgespült werden. Probleme und seelische Nöte, sie bleiben im Vier-Sterne-Pool, glücklich fährt der

„Patient“ nach Hause. Erlöst und befreit? Bloß verkohlt? Moorbad, Bachblüten und sphärische Klänge mögen Haut und Nerven guttun. Doch sie „befreien“ von nichts. Denn „Wellness“ ist weniger Therapie als Befriedigung von Hedonismus und Egoismus: Alles ist gut, wenn du dich nur gut fühlst! Denk doch mal an dich. Du hast ein Recht auf dich, auf dein „Gönn-dir-was-Feeling“: Du, dein, dich ...

Kein Zweifel, der Christ soll zwar den Nächsten lieben, aber so wie sich selbst. Ein gesunder Egoismus ist also positiv. Nur wer mit sich selbst im reinen ist, kann anderen helfen. Doch die Wellnessideologie bleibt in der Egozentrik stecken, feiert sich selbst als Götzen und Religionsersatz. Und wieder einmal folgen die Herden dem Ruf, lassen sich narkotisieren, ausnehmen, neu einkleiden, als Lemminge gefügig machen. Wer döst, stellt keine Fragen. Was wird bei den Teilnehmern wohl hängenbleiben vom „Wellness-Seminar“? Wie dazu beitragen, eine bessere Gesellschaft zu gestalten? Wie ein gottgefälligeres Leben führen?

Seele, Geist, „anima“ – sie haben mit „Gut-drauf-sein-Gefühlen“ wenig zu tun. Der Körper wird irgendwann vergehen, die

Seele, der Sitz von Person und Gewissen, aber ist unsterblich. Die Seele als Seismograph für die Verantwortung des Menschen vor seinem Schöpfer. Harte Realität, statt Meditation im Pool.

Und die hat Folgen. Fitneß, Körperpflege, Gesundheit, Befindlichkeit: alles wichtig, keine Frage. Doch auch die Seele braucht Training und Führung. Sie will hören, was Gut und Böse ist, was Sünde und Tugenden bedeuten. Dem Gewohnheitsdieb ist die Schändlichkeit seines Tuns längst nicht mehr klar. Eine Seele, die bloß „baumelt", verkümmert. Und das führt zur aktuellen Normalität: Die Sünde macht den Menschen interessant, Tugenden spießbürgerlich. Abgeschlaffte Seelen statt solcher, die sich zu Gott erheben. Sieg nach Punkten für den Verdreher.

Das vergessene Sakrament

Die Sakramente der katholischen Kirche sind immer noch ein Klassiker. Die Taufe: wer will schon auf diese freudige Feier im Kreise der Familie verzichten? Die Kommunion, vor allem die erste: nicht nur in ländlichen Gemeinden ist sie nach wie vor ein familiäres Großereignis. Und wenn für die Jugendlichen später die Firmung ansteht, war man vielleicht Jahre nicht mehr in der Kirche, aber geht dennoch hin. Schließlich die Hochzeit in Weiß vor dem Traualtar: wiederum ein Muß für viele. Dann kommt die lange Spanne bis zum kirchlichen Begräbnis, das zwar kein Sakrament ist, aber nochmals unterstreicht, daß die Kirche als Anbieter „religiöser Leistungen" immer noch etwas zu bieten hat.

Doch eine dieser „Leistungen" interessiert fast niemanden mehr – in der Reihe der „kirchlichen Angebote" ist sie der große Ladenhüter: die Beichte oder das Sakrament der Buße und der Versöhnung, wie es der Katechismus der katholischen Kirche nennt. Die Beichte gehört zu den größten Geschenken, die Christus den Menschen bereitet hat. Dennoch, kaum jemand beichtet noch, kaum ein Pfarrer spricht noch von ihr, immer mehr Christen suchen die Couchs der Psychotherapeuten auf, um Schuld zu erkennen und zu verarbeiten. Reden über die Ethik verschleiern den wahren Sinn des Bußsakramentes. Die enorme Chance auf Befreiung, Neuanfang und Versöhnung des Menschen mit Gott, die die Beichte bietet, wird zunehmend verkannt. Beim Eucharistischen Weltkongreß in Rom, hat der Wiener Kardinal Christoph Schönborn für eine Wiederentdeckung des Bußsakraments plädiert. Zwar sei im Fernsehen „die öffentliche Beichte mehr und mehr Mode", sagte Schönborn. Die intimsten Sorgen, Konflikte und Wunden würden in Talk-Shows „geoutet". Ob aber „von solch einem Exhibitionismus" irgendeine Heilung ausgehen könne, sei „sehr zweifelhaft", meinte der Kardinal.

Anders die Beichte: Hier geschieht wirklich etwas, das den Menschen heilen soll. Die Buße ist ein Weg der Umkehr, der Versöhnung – eingeleitet durch das Bekenntnis der eigenen Sünden vor einem Priester. Niemand geht beichten, der nicht wirklich vorhat, sich helfen zu lassen. Allein schon psychologisch läßt sich ein solcher Prozeß als Wende im Umgang mit Schuld und Versagen interpretieren: Der einzelne wandelt sich, er gesundet. Nicht umsonst zählt die Kirche die Beichte neben der Krankensalbung zu den „Sakramenten der Heilung".

Der Niedergang des Bußsakraments ist schnell erzählt. Erst hatten die Prediger und Theologen das Instrument der Höllenpredigt geschaffen, die die Gläubigen zur regelmäßigen Beichte antreiben sollte, um dann später – nach der Aufklärung mit ihrer

„Humanisierung" des Jenseits – Hölle und Vergeltung wieder aus ihrem katechetischen Programm zu streichen und aus dem strafenden Gott den heute sattsam bekannten „Hat-alle-lieb-Gott" zu machen. Nur, wenn Gott alle lieb hat, und vor allem natürlich die Sünder – warum dann noch beichten? Der Versuch, über die Bußgottesdienste wieder die Gemeinde und damit die zum Verständnis wirklicher Sündenvergebung theologisch zwingend notwendige Kirche einzuführen, war gut gemeint, aber ziemlich zwecklos. Ist die Bedeutung der Kirche als Leib Christi erst ausgehöhlt, klappt's auch nicht mehr mit der Beichte. Und natürlich auch nicht mehr mit den anderen Sakramenten. Dann wird aus der Taufe ein Familienfest mit „Baby gucken", aus der Firmung eine Jugendweihe, aus der Eucharistie ein Erinnerungsmahl, aus der Krankensalbung ein Heilungszauber und aus der Weihe die Aufnahme in den Kirchendienst, die man natürlich den Frauen nicht verweigern darf.

Man kann sich nicht selbst verzeihen

Aus der Gnadenkirche droht eine Kirche sozialer und psychologischer Mechanismen zu werden. Der Verfall der Beichtpraxis ist so vollkommen und verfestigt, daß man in der aktuellen theologischen Literatur kaum noch Beiträge oder Untersuchungen über das Sakrament der Buße findet. Das Kapitel Beichte scheint abgeschlossen zu sein. Man muß inzwischen Jahrzehnte zurückgehen, um Autoren zu finden, die noch um dieses Sakrament gerungen haben.

Der Umgang des Menschen mit persönlicher Schuld aber ist wichtiger als „Wellness". Will er sie aufarbeiten, dann kommen Seele und Gewissen zur Ruhe. Dann gewinnen sie neue Kraft. Deshalb ist sie so wichtig, die Beichte, die Reue, die Vergebung. Nicht vor Fitneßtrainern oder Therapeuten, sondern vor Gott. So werden Schuld und Versagen aufgearbeitet, ist ein Leben in der rechten Ordnung vor Gott wieder möglich.

Stolz, Bequemlichkeit und Ausflüchte versperren gerne den Zutritt zum Beichtstuhl, wenn man sich mit sich selbst längst arrangiert hat. Und trotzdem regelmäßig die Kommunion empfängt. Wer kommuniziert, ohne zu beichten, der gleicht einem Patienten, der den Arzt besucht, ohne zu duschen. Und der müffelt bekanntlich. Nicht nur „Körperpflege", auch „Seelenpflege" ist dringend nötig. Die Sauna ersetzt den Beichtstuhl nicht.

Sportsgeist statt Fitneßallüren

Ja, es fällt verflixt schwer, nach Jahren neu zu beichten. Die Scham vor dem Priester ist groß. Vor ihm zu bekennen die eigentliche Buße. Vielleicht hilft das Wissen, daß dieser unsere Vergehen längst kennt, von anderen Pönitenten, schon tausendmal gehört – und womöglich gar selbst begangen hat. Und daß das Personal der Kirche sehr viel besser ist als sein Ruf. Daß Priester auffangen, liebevoll zurechtweisen, helfen und motivieren. Und nicht in Vergehen und Sünde puhlen. Wer die Beichte kennt, weiß von ihrer reinigenden Wirkung. Spürt die „Wellness", die andere „Institute" säuselnd versprechen. Und sie kostet weniger: Überwindung und Willen zum Neustart. Echter Sportsgeist ist gefragt, keine Fitneßallüren.

Daß aber die Beichte überall da auflebt, wo es zu einer wirklichen Erneuerung des kirchlichen Bewußtseins kommt, auch darauf hat Kardinal Schönborn auf dem Eucharistischen Weltkongreß hingewiesen. Wo Katholiken die Kirche nicht mehr als amtliche Institution, als Kirchensteuervernichtungsanstalt oder als Agentur für Sinn- und Ethikfragen sehen, sondern als lebendigen Leib, in dem die Treue jedes einzelnen zu seiner Bestimmung diesen Leib stärkt, so wie die Untreue diesen Leib schwächt, da wächst auch heute wie in der Vergangenheit der Wunsch, den von der Kirche vorgezeichneten Weg der Buße und Umkehr zu gehen.

Die Bestimmung jedes Getauften ist es aber, nicht die eigenen Wege der Absonderung und Vereinzelung zu gehen, sondern Jesus Christus in seinem Einswerden mit dem Willen des Vaters immer ähnlicher zu werden. Um dem Gläubigen bei diesem Werk der Heiligung weitmöglichst entgegenzukommen, hat die Kirche im Laufe ihrer Geschichte die Bußpraxis immer weiter erleichtert – auch in dem Wissen darum, daß der Mensch schwach ist und immer wieder in dieselben Fehler fällt.

Die Beichte ist das vergessene Sakrament, weil viele vergessen haben, was die Kirche und was Sünde ist. Wo aber einer die Kirche wiederfindet, entdeckt er auch die Beichte. Leicht fällt sie niemandem. Man muß sich schon einen kräftigen Ruck geben, um wieder einmal „durch die Stola zu kriechen“ wie der Volksmund sagt. Denn der Stolz, die Ursünde, ist kraftvoll und mächtig. Sie in den „Griff" zu kriegen, das ist nicht leicht. Doch wen wundert's. Denn es gilt: *It's a hard way to heaven.* Die Freude nach der Beichte über die erfahrene Loslösung aber, sie lohnt jede Anstrengung!

Kindlich, nicht kindisch oder pubertär

Christus als Freund, nicht als Konstrukt!

„Das Christentum ist Christus." Prägnant beschreibt so Johannes Paul II. den christlichen Glauben. Nicht eine Philosophie, eine Ideologie, eine Sammlung von Lebensweisheiten oder irgendwelche Erleuchtungen sind Fundament und Quelle des christlichen Lebens, sondern eine Person: Jesus von Nazareth, der von sich sagt, der Sohn Gottes zu sein. Bezeugt hat er dies durch Worte und Taten. Durch Leiden, Tod und Auferstehung hat er uns erlöst.

Weil unser Glaube also personenbezogen ist, besteht seine Verwirklichung wesentlich darin, mit Christus zu leben. Ein Herz und eine Seele mit ihm zu werden. So zu handeln, zu denken, zu arbeiten, zu sein wie er. Auf unserem Lebensweg geht es um die konkrete Beziehung zu Christus. Eigentlich verflixt einfach, der christliche Glaube.

„Niemand hat eine größere Liebe, als wer sein Leben gibt für seine Freunde. Ihr seid meine Freunde ..." Wir sind also Freunde Gottes! Was bedeutet Freundschaft? Ein Herz und eine Seele mit jemandem sein. Einfach, natürlich und kindlich. Christus will unseren kindlichen Glauben, nicht unsere pubertäre Kompliziertheit.

Sorgen und Freuden teilen. Vertrauliche Gespräche führen. Sich in schwierigen Situationen fragen, was hätte Christus wohl jetzt an meiner Stelle getan? Mit ihm leben, ihm Stoßgebete schicken, wenn man das Haus verläßt, seine Kinder sieht oder bloß spazierengeht: „Danke Herr, für diese wunderschöne Natur." Einfach, kindlich vor ihm sein. Sich verstanden und angenommen wissen. Aber auch dankbar für Ratschläge sein, die einem nicht so gefallen. Wenn die menschliche Freundschaft schon ein hohes, ja unschätzbares Gut ist, dann ist die Freundschaft zum Gottessohn das größte Glück. Deshalb gilt es, uns diese Freundschaft lebendig zu halten. Wir sollten unserem Freund Jesus Christus all das erzählen, was uns bewegt: Sorgen, Pläne, Stimmungen, Enttäuschungen, die alltäglichsten Dinge. Er ist Gott – und er hat uns gesagt, daß wir vor ihm alles aussprechen sollen.

Man kann mit ihm selbst über seine Hobbys sprechen – den Sport, kann mit ihm zusammen fernsehen, ihn fragen, wie er die neue Freundin findet, mit ihm einen Film kommentieren, jubeln bei einem Tor. Ist das kindisch? Keineswegs. Es ist natürlich. Gott ist in unsere Geschichte eingetreten – in „meine und deine" konkrete Geschichte. So wie er – als er auf Erden war – mit den Leuten sprach, mit ihnen zusammen aß, sich um die Alltagsdinge kümmerte, so auch heute – er will es so. Immer wieder gibt es die Tendenz, Christus zu „abstrahieren". Nein, er ist kein Konstrukt – er ist da!

Für Christus gibt es allerdings eine einzige Voraussetzung für seine Freundschaft: Ihr seid meine Freunde, wenn ihr tut, was ich euch auftrage.

Klar ist, daß Freundschaft mehr ist als Kumpanei, daß sie eine „Seeleneinheit" voraussetzt. Das tun, was Gott, was Christus tut. Das ist die tiefste Ebene der Freundschaft mit Gott. Es geht unserem Herrn nun mal nicht um eine bloße Bekanntschaft.

Das heißt: Wir können nicht mit Gott Freund sein, wenn wir ihn durch die Sünde beleidigen. Welcher „normale" Freund würde sich Beleidigungen schon bieten lassen! Sündigen heißt nichts anderes als die Freundschaft mit Gott aufkündigen, ihn verleugnen und verraten. Aber auch wenn wir das tun, ist er stets wieder zur Versöhnung bereit. Die Freundschaft zu Gott wird dann nicht durch „Altlasten" belastet. Gott verzeiht uns, wenn wir unsere Schuld einsehen und uns von ihm heilen lassen. In der Beichte. Das fällt bekanntlich niemandem leicht. Doch wer da sagt *„It's an easy way to heaven"*, der hat leider noch nicht so ganz verstanden, worum es geht ...

Ohne Kutte und Sandalen ...

Das Apostolat der Laien

Was ist das noch gleich – Mission? Klar, es waren die Missionare, die damals nach Afrika, zu den Inkas und in andere ferne Länder aufbrachen, um den Heiden das Christentum zu bringen. Eigentlich ist die Missionszeit also eine vergangene historische Epoche. Das meinen viele.

Doch seit dem Urchristentum gehört die Mission zu den zentralen Aufgaben der Christen. Daran hat sich nichts geändert. Ja, die Kirche hat gar zur Neuevangelisierung Europas aufgerufen. Werden also wieder Missionare in Kutten und Sandalen aufbrechen, um anderen das Evangelium zu erklären? Wohl kaum.

Der Ruf des Papstes geht vor allem an die Laien. An jeden einzelnen. Natürlich, niemand soll seine Familie verlassen und den Beruf aufgeben, um sich ganz dem apostolischen Auftrag zu widmen. Niemand braucht den Passanten auf Marktplätzen zuzurufen: „Kehret um, glaubt an das Evangelium. Wahrlich, ich sage Euch ...“ Es wäre aufdringlich, peinlich und vermutlich wenig produktiv.

Der Auftrag der Laien ist ein anderer: Sie sollen in ihrem normalen Umfeld, am Arbeitsplatz, im Sportverein, in der Verwandtschaft und unter Freunden von Gott sprechen, für ein Leben aus dem Glauben werben. Diskret. Diese natürliche und vertraute Umgebung gibt vor: es geht um ein Apostolat der Freundschaft. Der Christ soll Freunde nicht für Gott gewinnen, um im Himmel zu punkten, sondern um ihnen Gutes zu tun. Weil sie Freunde sind! Es geht nicht um „religiöse Events", um spektakuläre apostolische Aktionen, es geht darum, zuzuhören, ohne gleich von sich selbst zu erzählen, es geht um kleine Stoßgebete für den Freund und um einfache Worte, im Bus, beim Spaziergang, am Stammtisch unter vier Augen, bevor die anderen kommen.

Das Wichtigste bleibt das persönliche Beispiel. Christen müssen die Echtheit ihres Glaubens am eigenen Verhalten vor ihren Kindern, den Kollegen, Freunden prüfen. Das ist die Meßlatte. „Wer meine Gebote hat und sie hält, der ist es, der mich liebt" (Joh 14,21). Wer sich nicht müht, die Gebote zu erfüllen, kann anderen kaum plausibel machen, was Liebe zu Gott bedeutet. Wer sich nicht um sorgfältige Erfüllung seiner beruflichen Pflichten schert, kann dem Kollegen kaum vermitteln, daß Christen zur Heiligung der Arbeit berufen sind. Und wer im Freundeskreis über jeden schmutzigen Witz herzhaft lacht, kann nicht den anderen den Wert von Keuschheit und Scham erschließen.

Vielen ist bewußt, daß sie Grund haben, Gott zu danken – auch für die Gnade, daß er sie zu Christen berufen hat. Warum aber tut man sich trotzdem so schwer, von Gott zu sprechen? Warum empfindet man es als peinlich, andere zu Exerzitien einzuladen, ihnen Gebet oder Beichte näherzubringen, wenn man ihnen zugleich begeistert ein schönes Urlaubsziel, ein gutes Restaurant oder einen spannenden Film empfiehlt? Viel zu häufig zerbricht man sich den Kopf, was wohl jetzt gerade wie „ankommen" könnte. Und so verpufft wieder einmal der Vorsatz, den Freund heute und jetzt anzusprechen. Die Situation ist nicht günstig, er ist gerade nicht gut „drauf" ... Die „lange Bank" ist des Teufels liebstes Möbelstück.

Vielleicht hilft es, einfach zu akzeptieren, daß ein Gespräch über Gott schwerfällt, unangenehm sein kann. Vielleicht hilft auch das Erinnern, daß Christen Sauerteig sein sollen, auch wenn ein Leben als Cremebällchen süßer ist. Und noch etwas kann Christen motivieren, den „inneren Schweinehund" zu überwinden: Die Kirche sagt, niemand käme alleine in den Himmel oder in die Hölle. Immer würde man andere „mitnehmen". Eine deutliche Mahnung, die dabei helfen kann, im richtigen Moment eben nicht den Mund zu halten. Nein, Kutten und Sandalen brauchen wir Laien nicht, nur Mut und das Vertrauen auf Christus, der den Aposteln versprach, ihnen die richtigen Worte im richtigen Moment schon einzugeben. „Mission impossible"? Keineswegs.

Ein lächerliches Ohr ...

Petrus, der „Versager"

Für viele Menschen gehört die Nacht, in der Christus auf dem Ölberg verhaftet wird, zu den bewegendsten Szenen des Evangeliums. Aus vielen Gründen. Auch wegen des kläglichen Verhaltens seiner Jünger. Sie, die in seiner schwersten Stunde mit ihm wachen und ihn beschützen wollen, schlafen ein. Dann, als die Soldaten nahen, zieht Petrus ein Schwert – und schlägt zu. Das Ergebnis ist erbärmlich: Er schlägt einem Soldaten ein Ohr ab, ein lächerliches Ohr! Petrus, ein Fischer, der zentnerschwere Netze aus dem Meer zieht, ein Kerl wie ein Baum – und dann das! Kinder ärgern sich über diesen Petrus: Dieser Versager, dieser Schlappi! Dann verstecken sich die Jünger. Und Petrus? „Und wenn ich mit Dir sterben müßte, ich werde Dich niemals verleugnen", hat er Christus zuvor versprochen. Doch dreimal verleugnet er ihn in derselben Nacht. Dann kräht der Hahn.

Tapferkeit ist eine der vier Kardinaltugenden, um die sich jeder Christ bemühen soll.

Nein, es geht nicht um spektakuläre Schlachten, um Einsatz des Lebens oder gar Märtyrertod. Jedenfalls nicht in Mitteleuropa. Es sind eher Scharmützel, die die Tapferkeit des „Alltagschristen" herausfordern: Lacht man mit, wenn am geselligen Stammtisch Zoten erzählt oder Witze über Papst und Kirche gerissen werden? Meldet man sich zu Wort, wenn in der Elternversammlung über Religionsunterricht oder Aufklärung gesprochen wird? Widerspricht man dem Kollegen, der am Arbeitsplatz vor versammelter Mannschaft bösartig über Heiliges poltert? Hält man um des lieben Friedens willen den Mund, wenn in der Gemeinde so manches aus dem Ruder läuft und Wesentliches in Schieflage gerät?

Ja, oft genug bleibt man stumm. Gründe gibt es genug: Soll man wieder einmal den Moralapostel spielen? Ist ja peinlich, was denken die anderen. Hier, in dieser aufgeheizten Stimmung hat es eh keinen Sinn, was zu sagen – lieber nächste Woche. Die Argumente, die einem jetzt spontan einfallen, sind doch nicht stichhaltig genug. Man würde ja gerne, aber die berufliche Stellung erlaubt so was nicht. Klar, man kann was sagen, aber dann haben die Kinder zu leiden. Und, und, und ...

Scheinargumente, die nicht ziehen! Denn zum einen ist derjenige sicher kein Moralapostel, der nicht warten will, bis irgendein Hahn kräht. Und zum anderen schätzt man die Reaktionen „der anderen“ häufig falsch ein. Was sie jetzt denken, meinen, glauben, belächeln könnten! Ergreift man, vielleicht ein wenig stotternd, mit vor Nervosität zitternder Stimme oder auf unbeholfene Art mutig das Wort, so folgen erfahrungsgemäß andere. Oder es zollen einem jene Respekt, die eben noch wüst schimpften.

Möglich, daß man in der Diskussion tapfer dagegenhält, doch keinen triumphalen „Erfolg“, sondern eher eine Pleite erlebt. Dann kann die Erinnerung an das „lächerliche Ohr“ des Petrus helfen. Möglich auch, daß man mit sich gerungen hat – und doch wieder stumm geblieben ist. Auch dann gibt es Trost: Dreimal krähte der Hahn bei Petrus, dem Fels, dem ersten Oberhaupt der Kirche, der für seinen Herrn sterben wollte. Bisweilen darf der Hahn also auch im Leben der „Alltagschristen“ krähen – nur sollte er nicht vor lauter Krähen heiser werden! Dann wäre es an der Zeit, das persönliche Ringen um die eigene Tapferkeit neu zu prüfen – und durchzustarten!

Also, sich nicht über die persönliche Schwäche von gestern ärgern, sondern mutig an den nächsten Elternabend, Stammtisch oder Kollegentratsch denken. Klar, Schweigen kann Gold sein. Reden aber auch, wenn es um die Ehre Gottes geht. Denn der hat keinen eigenen Mund, nur unseren.

Fußball und Glaube

Dahin gehen, wo es weh tut ...

Das Spiel war aus. Die Bayern hatten gegen Bremen 1:3 verloren. Auf der Pressekonferenz stellte sich der Trainer Ottmar Hitzfeld den Journalisten: „Wir sind einfach nicht dahin gegangen, wo es weh tut." Das hört sich so leicht an, wenn man bei Chips und Bier vor der Glotze hockt.

Auch ein Leben aus dem Glauben erfordert Sportsgeist, Anstrengung, Kampf. Nicht, daß man nicht kickte, nicht mitspielte. Man besucht doch die Sonntagsmesse und manchmal auch eine in der Woche. Man betet vor warmen Mahlzeiten und meist abends im Bett. Und sonst? Geld spenden, nichts Süßes in der Fastenzeit, Fisch statt Fleisch am Freitag, das Übliche halt! Tja, ehrlich gesagt hat man sich längst in seinem kleinbürgerlichen Glaubensidyll gemütlich eingerichtet.

Ein Spießbürger mit christlichem Etikett. Nein, schon lange sucht man nicht mehr entschlossen die Zweikämpfe mit der eigenen Trägheit. Man geht längst nicht mehr im Strafraum dahin, wo es weh tut. Aber will Gott das denn überhaupt? Wohl doch, denn Christus schickte den reichen Jüngling fort, der „nur" die Gebote halten mochte.

Gelegenheiten, um dem spießbürgerlichen Glaubensleben, der rheinischen Mentalität „Wir kommen alle, alle in den Himmel!" zu entkommen, gibt es genug. Die kleinen unbemerkten Opfer: Herr, für Dich verzichte ich auf die blöde Bemerkung über Dritte; auf das dritte Bier. Nichts Spektakuläres, kleine Nadelstiche nur ...

Unscheinbare Verzichte aus Liebe zu Gott! Der Kirche zu gehorchen, wo es verflixt schwer fällt. Im Auto einmal das Radio ausschalten, um einen Rosenkranz zu beten. Sich Zeit nehmen für den, der gerade reinplatzt, wenn man am Schreibtisch sitzt.

Engagierte Sportler absolvieren Konditionstraining, unabhängig davon, ob ihnen gerade „danach ist". Da ist unsere Verantwortung vor Gott: Jeden Tag für ein Gebet vor dem Tabernakel eine Kirche aufsuchen – den Ort, wo Er wohnt! Und nicht nur dann, wenn es gerade in den Terminkalender „paßt". Feste Gebetszeiten einhalten, morgens und abends jeweils fünf Minuten, in denen wir Anliegen und Sorgen vortragen, für Alltägliches und Besonderes danken. Außer der Sonntagsmesse auch an zwei Wochentagen die Messe besuchen. Ihm zehn Prozent der Wochenzeit reservieren, die unserer Familie und den Freunden gehören!

Eine andere „Arena“ ist die Partnerschaft, die Ehe. Versuchen die Partner, mit lästigen Veranlagungen oder schlechten Angewohnheiten des anderen liebevoll umzugehen? Bevormundet der eine den anderen, nimmt er ihm die Luft, er selbst zu sein? Bereitet es Freude, dem anderen seine Schwächen geschickt vorzuführen? Überfordert man sich durch sexuelle Erwartungen oder Enthaltsamkeit?

Den Zweikampf suchen: Hier geht es um eigene Angewohnheiten, Fehler und Bequemlichkeiten. An ihnen läßt sich feilen, ohne daß dies im Pfarrbrief stünde. Faulheit, Trägheit, Angeberei, Stolz, Ichsucht, Triebhaftigkeit – die Palette ist verflixt breit.

Dahin gehen, wo es weh tut. Wer scine Berufung als Christ ernstnimmt, dem bietet sich ein weites Feld, um der Bürgerlichkeit und Selbstzufriedenheit des Sonntagschristen zu entkommen. Ein Leben aus dem Glauben, aus Liebe zu Gott, hat mit Fußball manches gemeinsam. Und irgendwann einmal werden auch wir unsere persönliche Pressekonferenz nach dem Spiel erleben. Also, all wir Sonntagschristen – packen wir es noch einmal an! Es lohnt sich – auch weil es Freude macht, die eigene Bequemlichkeit immer mehr in den Griff zu kriegen. Einfach ist es nicht. Doch das ist nichts Neues: *It's a hard way to heaven ...*

Nur dem Arzt, Anwalt und Steuerberater „gehorchen“?

Freiheit und Vertrauen

So manche Tugend genießt ein positives Image. Klugheit etwa, Gerechtigkeit oder Tapferkeit. Der Gehorsam gehört nicht dazu. Wer „gehorsam“ ist, der lebt als Marionette, Depp, dem mangelt es an eigenem Profil. So sagt man.

Klar, der Mensch gehorcht Verkehrsregeln, Verordnungen und Gesetzen. Schon aus Klugheit, denn hier geht es um Gefahr für Leib und Leben, um Recht und Strafe. Natürlich, auch beim Steuerberater, Arzt, Rechtsanwalt, Automechaniker oder Gärtner holt man sich Rat – und folgt dem meist. Denn auch hier steht Wichtiges auf dem Spiel: Gesundheit, Geld, Auto und Garten. Und schließlich traut man Prognosen, Anleitung und Geschmack des Anlageberaters und Fitneßtrainers, des Frisörs und des Inneneinrichters, den „Argumenten“ der Werbung. Ist doch logisch. Die wollen doch nur das Beste für ihre Kunden. So gehorcht man, selbst wenn man es, wie bei der Werbung, nicht immer merkt.

Doch in Fragen von Glaube, Moral und Seelenheil sieht das anders aus. Hier braucht man keinen Fachmann, hier darf der aufgeklärte Mensch selber ran, zumal es ja nicht um so Wichtiges geht. Wenn der Frisör zu einem Shampoo rät, das gegen Schuppenflechte hilft, wenn der Mechaniker mahnt, den Motor nicht so hoch zu drehen, solche Tips nickt man ab. Die Leute besitzen schließlich Kompetenz und Erfahrung. Aber die Kirche, mit all dem „Dreck am Stecken"? Man kennt die Brüder doch. Da vertraut man schon lieber dem kleinen Theologen in sich selbst.

Vertrauen: die wichtigste Voraussetzung für den Gehorsam, der neben Armut und Keuschheit einer der „evangelischen Räte" ist. Nur wer vertraut, kann freiwillig gehorchen, lebt keinen „Kadavergehorsam". Ganz sicher gehört der Gehorsam zu den Tugenden, die dem Menschen vieles abverlangen. Ein gläubiger Mensch, der seiner Kirche „gehorchen" möchte, der muß sich enorm anstrengen. Denn der ärgste Feind des Gehorsams ist der Stolz, die Ursünde des Menschen. Und der Stolz verführt dazu, sich seinen eigenen Glauben zu basteln.

Doch hebt der Gehorsam nicht die Freiheit auf? Wie schon gesagt, der Mensch gehorcht Tag für Tag, Stunde für Stunde. Die Frage ist nur, wem? Sich selbst, seinen Launen, einer Ideologie oder einem göttlichen Gebot? Hier liegt die Grundentscheidung, die in Freiheit zu treffen ist. Für Sartre war die Sünde die „einzig freie Tat". Er übersah dabei, daß der Mensch nicht kraft, sondern mangels seiner Freiheit sündigt. Wie dem Künstler ein Werk mißlingen kann – nicht kraft, sondern mangels seiner Kunstfertigkeit.

Freiheit ist immer dort in Gefahr, wo sie ihr letztes Ziel aus den Augen zu verlieren droht. Das ist der Fall, wenn sie auf bestimmte Betätigungsfelder des menschlichen Geistes eingeschränkt wird, wenn sie also nicht mehr auf das Ganze des Daseins zielt. Man tut dann so, als gäbe es eine politische, eine soziale, eine ökonomische und eine künstlerische Freiheit, und übersieht, daß all diese Freiheiten nur real sind, wenn sie gemeinsam existieren und so auf das Gesamtziel des menschlichen Lebens hingeordnet bleiben.

Übrigens, wer dem Menschen Freiheit verspricht, muß schon sagen, „wovon". Man kann sich von seiner Frau „befreien“ und läßt sich scheiden. Die Französische Revolution versprach, daß alle endlich frei und glücklich würden, wenn die Autorität des ancien régime beseitigt wäre. Nichts gegen Liberté, Egalité, Fraternité. Doch lebten die befreiten Franzosen ihr neues Glück zuerst einmal aus, indem sie Europa mit Krieg überzogen. Später wollten Kommunismus und Sozialismus die Menschen befreien – und führten sie in die Sklaverei. Alle radikalen Freiheitsträume laufen letzten Endes auf die Forderung hinaus, den Menschen von der Wirklichkeit zu befreien. Und die ist geprägt vom Ziel und Sinn des Lebens. Der Mensch ist nicht in der Lage, sein Leben hiervon zu „befreien“, er kann die Frage nach Sinn und Ziel höchstens verdrängen.

Gehorsam, Horchen, Vertrauen, Freiheit, Willkür, Sklaverei. Vielleicht kann das Wissen um diese Verkettung helfen, den Gehorsam des Christen vom Klischee des Skandalösen zu befreien. Viel wäre gewonnen, wenn es gelänge, sich einmal vorbehaltlos auf Botschaft und Lehre der Kirche einzulassen, zuzuhören, nachzulesen. Wenn man die gängigen Vorurteile einmal beiseite ließe und sich ernsthaft um Vertrauen mühen würde. Zur Kirche, zu einem Priester. Vieles könnte in anderem Licht erscheinen.

Die Erkenntnis mag gelingen. Den Gehorsam zu leben, das bleibt schwer genug. Und das soll wohl auch so sein, denn: *It's a hard way to heaven.*

Seltsame Faszination

Das Kreisen um den eigenen Bauchnabel

Gerne und häufig beschäftigt sich der Mensch mit sich selbst. Nicht, daß er sich dann an dem Schönen in seinem Leben, an seinen Leistungen oder Stärken erfreut. Es sind seine Sorgen, Schwächen und Befindlichkeiten, die ihn „faszinieren".

Rational ist ihm klar, daß es ihm „doch eigentlich ganz gut geht": kein Krieg, keine Hungersnot, kein Rollstuhl, ein sicheres Einkommen ... Es sind die kleinen Dinge, die ihm die Laune vermiesen. „Typisch, daß das mir passiert!" „Warum ausgerechnet ich?" „Wenn ich nur so wäre wie der Kollege Schulz ..." „Ach, hätte ich doch einen anderen Partner, einen anderen Job!" Wenn und aber, ach hätte ich und könnte doch – das Leben im Konjunktiv, verführerisch und lähmend zugleich. Die Folge: üble Stimmung – und Selbstmitleid, in dem man doch so gerne badet. Man betrauert sein persönliches „Elend", sein Schicksal: was geht's mir schlecht! Und die anderen sollen ruhig ein wenig mitleiden. Selbstmitleid ist die überflüssigste Leidenschaft, zu der der Mensch fähig ist. Außer schlechter Laune bringt sie nichts, sie löst kein Problem, sondern nervt nur Freunde und Verwandte.

Es ist eine alte Erfahrung: Jeder hat sein berühmtes „Päckchen" zu tragen! „Positives Denken" heißt zunächst, seine Fehler und Makel zu akzeptieren, sich zu bemühen, über sich selbst auch lächeln zu können. Und sein „Päckchen" vielleicht sogar Gott zu schenken. Wer ständig nur seine eigene, ach so schlimme Situation diagnostiziert, verliert den Blick für die anderen. Wer sich aber für die Probleme der anderen interessiert, hört auf, nur um den eigenen Bauchnabel zu kreisen. Und die eigenen Nöte werden kleiner. Vergleiche mit dem „Glück" des anderen führen zu nichts. Dankbar zu sein für das, was man hat, was selbstverständlich geworden ist, hilft, das eigene Leben zu meistern und die anderen nicht zu nerven. Übrigens, amerikanische Forscher haben herausgefunden, daß 85 Prozent aller Sorgen unbegründet sind.

Papst Johannes XXIII. hatte auf seinen Spiegel im Badezimmer einen kleinen Zettel geklebt: „John, nimm dich nicht so wichtig ..." Manchmal kann man halt auch von einem Papst etwas lernen ...

„Und was machen Sie beruflich?“

Hausfrau und Mutter

Auf irgendeinem Stehempfang mit wichtigen Menschen. „Und was machen Sie beruflich?“ „Ich bin Mutter und Hausfrau.“ Kurzes Schweigen, die Befragte kennt das. Dann aber bemüht anerkennend: „Ja, ja, die Kleinen, die machen sicher viel Arbeit ... Sie entschuldigen mich.“

Eine Frau, die sich entschieden hat, Kinder zu erziehen und, je nach Größe der Familie, einen 14-Stunden-Tag auf sich nimmt, trägt häufig das Etikett „Dummchen“ auf der Stirn. In der Regel erlebt sie einen Reaktionscocktail aus unterschwelliger Anerkennung im Tonfall, Mitleid bis Unverständnis in Blick, Lächeln und Unterton, und dem erhabenen Gefühl von Überlegenheit in Gestik (man schwenkt weltmännisch das Proseccoglas) und Denken (die Gedanken sind frei!). Und das zu Recht, denn man selber tut ja etwas für das Bruttosozialprodukt. „Die Arme, kaum Sozialkontakte, bedauernswert. Wie schafft die das?“

Wer im Aldi an der Kasse sitzt oder im Sparmarkt Dosen und Büchsen kramt, dem geht es da schon besser; denn der verfügt über diese „Sozialkontakte". Kein Zweifel, Respekt vor diesen Frauen, die sich ja „nebenbei" meist noch um Haushalt und Ehemann kümmern und ihre Erwerbsarbeit verrichten, weil das Portemonnaie es erfordert. Doch man geht schon abenteuerlich um, mit dem Wort „Arbeit". Wer zu Hause arbeitet, arbeitet eigentlich nicht. Doch kümmert man sich nicht um seine eigenen Kinder, sondern um die der berufstätigen Nachbarin, hat man plötzlich einen richtigen Beruf: Man ist „Erzieherin"! Irgendwie fällt mir Loriot ein ...

Deswegen ein Tip: Liebe Hausfrauen und Mütter, sollte Sie nochmals jemand nach Ihrem Beruf fragen, so antworten Sie doch: „Ich bin selbständig und betreibe gemeinsam mit meinem Mann eine Firma. Wir investieren zur Zeit primär in Humankapital und haben klar umrissene Verantwortungsbereiche. Ich kümmere mich vor allem um Personalführung, Food, Hygiene und Betriebsästhetik sowie um die Terminkoordination des fünfköpfigen Teams und die Organisation von Events. Mein Mann übernimmt die Kapitalbeschaffung, Buchführung, Kundenakquisition, Auftragsbearbeitung und, als eine Art Hobby, die Wartung der Firmenwagen." Meine Damen, Sie werden nicht nur einen Bewunderer mehr haben! Sondern haben auch effizient geworben: für den Weg zur Heiligkeit als Mutter und Hausfrau!

Was für ein Geburtstag!

Weihnachten

Viele gläubige Menschen erleben den Advent immer wieder als eine wohltuende, für den Geist fruchtbare und die Seele erwärmende Zeit. Geborgen im Kreis ihrer Familien, ihrer Freunde, ihrer Gemeinden. Oder alleine, bei der Lektüre eines guten Buches, bei der Vorbereitung auf Weihnachten.

Doch auch Hektik, Weihnachtsrummel und Geschmackloses gehören jedes Jahr dazu: die Weihnachtsmärkte und Touristenströme; Werbekampagnen, die vollbusige Damen in knappen Weihnachtskostümen zum Thema „Schrille Nacht, heilige Nacht" präsentieren; die üblichen dämlichen Seufzer „Ach Gott, ich bin noch gar nicht in Weihnachtsstimmung!" Und warten wir's mal ab, nächstes Jahr wird uns vielleicht schon Kai Pflaume oder Verona Feldbusch das „Fest der Liebe" vom Fernseher aus erläutern.

Schon immer waren mit der „deutschen Weihnacht" Äußerlichkeiten, Konsum und Entgleisungen verbunden. Absurd wird es, wenn ein Volk sein größtes Jahresfest feiert

– und sich kaum jemand um den Ursprung schert oder gar an ihn glaubt! Man wünscht sich „Frohe Weihnachten“ und könnte sich ebenso „Fröhliches Thanksgiving“ zurufen oder „a nice halloween“. Man spricht vom „Lichterfest“, vom „Fest der Liebe“, kaum noch vom Geburtsfest Christi. Man kauft, rennt, putzt, fegt, föhnt und schmückt – und dann sollte sie kommen, die ersehnte „Weihnachtsstimmung“. Spießbürgerlicher geht es nicht!

Es stimmt traurig, wenn Menschenmassen wie fremdgesteuert auf ein Fest zuhasten, dessen Sinn sie unterwegs vergessen haben und an den bloß niemand mehr erinnern soll. Ein Volk feiert den Geburtstag des Gottessohnes – ohne daß der davon etwas merkt. Wenige nehmen seine Einladung wahr, niemand sagt zumindest Bescheid, wenn er nicht kommen kann. Nein, manche beleidigen das Geburtstagskind auch noch. Wer würde sich so etwas an seinem Geburtstag bieten lassen?

Niemand vermag Spektakuläres hiergegen zu tun. Wohl aber kann jeder für sich diese Absurdität zum Anlaß nehmen, um mit Freunden oder Kollegen über den Sinn von Weihnachten, über einen neuen Anfang, eine gute Beichte oder einen konkreten Vorsatz in der Weihnachtszeit zu sprechen. Wie schwer es ist, mit anderen ein Gespräch über Gott zu beginnen, ist eine alte Erfahrung: In der Weihnachtszeit fällt der Einstieg leichter. Und wenn nur ein einziger nachdenklich wird, vielleicht einen Vorsatz faßt, nach Jahren noch einmal die Sakramente empfängt, dann ist das spektakulär genug.

Weihnachten! Heilige Nacht! Sie bleibt ein Mysterium. Und alles Poltern, Lärmen, Verulken und Grinsen verstummt schlagartig, wenn der Heilige Abend anbricht. Dann legt sich wieder einmal diese geheimnisvolle Stille über die Stadt, über das Land. Und wer sich vorbereitet hat auf das Kommen des Herrn, für den gehört das Weihnachtsfest zum Schönsten, was das Kirchenjahr zu bieten hat. Weil es so vieles anspricht: die Sinne, das Gemüt, die Hoffnung, den Glauben – und den Verstand, der überfordert bleibt ...

Feste „Termine“, verbindliche „Regeln“

Gott in der Krippe ein wenig Zeit schenken ...

Die Adventszeit geht zu Ende. Und wieder einmal werden viele den Eindruck haben, sie sei an ihnen „vorbeigerauscht“. Denn, mal ehrlich, wie steht es mit den ganz persönlichen „Weihnachtsvorbereitungen“? Sicher werden wir schon alles organisiert, gekauft, geplant haben für das große Fest. Aber haben wir uns auch innerlich auf Weihnachten vorbereitet? Sind wieder all unsere guten Vorsätze vom ersten Advent über die Wochen verpufft?

Der Advent ist die Zeit der Vorbereitung auf die Ankunft des Herrn. In der Liturgie des Advents ist immer wieder von Wachsamkeit die Rede: Seht euch vor und bleibt wach! Denn ihr wißt nicht, wann die Zeit da ist. Diese Worte stammen von Christus. Er will uns davor bewahren, die wichtigsten Dinge im Leben zu verschlafen. Es ist hier nicht der physische Schlaf gemeint, sondern diese merkwürdige Neigung des Menschen, sich zu sehr um zweitrangige Dinge zu kümmern. Und zu Weihnachten kann das sehr leicht geschehen.

Manche stoßen sich an diesen Warnungen. Wenn Christus sagt, daß wir am Ende vor verschlossenen Türen stehen könnten, weil wir verschlafen oder uns nicht um Gott, sondern nur um eigene Dinge gekümmert hätten. Doch Gott warnt nicht, um zu drohen, sondern weil er uns liebt. Welche Mutter würde ihr Kleinkind nicht vor Gefahren warnen? Täglich warnt man vor krebserregenden Stoffen, vor dem Ozonloch oder Rinderwahn. Sollte Gott seine Kinder da nicht eindringlich vor der Gefahr warnen, das Ziel ihres Lebens verpassen oder vergessen zu können?

Wenn wir uns die Bedeutung von Weihnachten klar machen – und sagen: Ja, ich glaube daran – so müßte uns eigentlich schwindelig werden: Gott wird Mensch! Die Kirchenväter brachten es auf den Punkt: Wunderbarer Tausch, Gott wird Mensch, damit wir Kinder Gottes werden können. Er nimmt unsere Krankheit auf sich, um uns von ihr zu befreien. Er kommt zu uns nicht mit Pracht und Macht, sondern als hilfloses Kind in einem kleinen Land, in einem Stall, ungebildete Hirten sind sein Empfangskomitee. Er sucht unsere Liebe wie ein Bettler.

Ist es da nicht „fair“, sich für Gott täglich etwas Zeit zu nehmen? Jeden Tag eine Weile Gebet halten, mit Gott zusammensein. Beim Wort „Gebet“ denken viele vielleicht an das Sprechen fester Gebetsformeln: Vaterunser, Ave Maria. Das ist hier nicht gemeint. Eine feste Zeit für unser ganz „persönliches“ Gespräch mit Gott: über unsere Sorgen, Freuden, Pläne, Fehler, Arbeit, Kinder ... Gott unsere Anliegen vortragen. Gott als Vater und Christus als Freund. Ohne uns zu schämen. Es gibt keine Sorgen und Bitten, die zu „kindisch“ wären, als daß wir sie ihm anvertrauen könnten!

Die Weihnachtszeit bietet sich wie keine andere Phase des Kirchenjahres an, in die Ruhe des persönlichen Gesprächs mit Gott zu kommen. Wie kann man das in die Tat umsetzen? Zunächst sollte man sich eine feste Zeit vornehmen: zehn Minuten zum Beispiel. Dann einen festen Termin: morgens nach dem Aufstehen, abends kurz vor der Tagesschau. Nur, konkret muß er sein. Mancher wird sagen: Ich kann nur beten, wenn mir danach ist. Aber das ist ein Irrtum. Versuchen Sie es mit den festen Zeiten. Sie müssen natürlich vernünftig planen. Es wäre absurd, das Gebet dort zu plazieren, wo mit Sicherheit Schwierigkeiten auftreten, es zu halten.

Feste Zeiten, klare Regeln für die Länge des persönlichen Gebets helfen, die Liebe zu Gott auszudrücken. Denn, ob wir gut oder schlecht aufgelegt sind, ob wir „Lust" haben oder nicht: Wir halten den Termin mit ihm und schieben ihn nicht herum. Das würden wir mit keinem Menschen machen. An den Festtagen bietet sich das Gebet vor der Krippe an. Betrachtendes Gebet. Eine Person mehr sein, die an der Krippe steht. Das Herz sprechen lassen. Gott auf unsere Art Willkommen heißen.

„Fürchtet euch nicht, ich verkünde euch eine große Freude, die dem ganzen Volk zuteil werden soll." So sprach der Engel des Herrn zu den Hirten in der Heiligen Nacht. Nehmen wir uns den Engel als Vorbild. Verkünden wir die Weihnachtsfreude in unserer Umgebung. Durch Taten und Worte. Durch unsere gute Laune, durch Zeit, die wir den Angehörigen schenken, durch unsere Dienstbereitschaft während der Festtage – aber auch durch unsere Worte. Dies gelingt besser, wenn wir uns die Kraft in der

Ruhe des persönlichen Gebets holen. Dann kann es wirklich ein gnadenreiches Weihnachtsfest werden.

Bonbons, Bier und Sahnetorte ...

Auch Christus hat gefastet

Am Aschermittwoch ein gediegenes Fischessen. Ist doch schließlich Tradition – und Fisch muß ja bekanntlich schwimmen. Dann beginnt das Heilfasten in der Pfarrei oder Akademie zur Entschlackung des Körpers – unter fachkundiger Anleitung der Pastoralreferentin natürlich. Ganz im Trend: Weihnachten und Ostern haben es bereits hinter sich, verstärkt müht man sich nun, die Fastenzeit von Sinn und Inhalt zu befreien.

Der Sinn der Fastenzeit läßt sich mit einem Wort erfassen: Umkehr. Umkehr wovon? Von der Sünde. Für manchen ist das wie ein Schlag ins Gesicht. Drohbotschaftsvokabular. Ich, Sünder? Ich, heilsbedürftig? Na ja, perfekt sind wir alle nicht. Aber ich bringe keinen um, ich stehle nicht. Gott ist nicht so kleinkariert, wie uns manche Kirchenvertreter weismachen wollen. Todsünde, Sündenstrafen, Beichte. Mittelalter. Ohne mich loben zu wollen, aber alles in allem bin ich eigentlich ganz zufrieden mit mir.

Leider ist der Mensch stets versucht, seine Schuld vor sich selbst zu minimieren oder zu leugnen. Ja, manch einer ist gar blind geworden für die eigene Erbärmlichkeit. In einer Art geistiger Anästhesie schlummert das Gewissen vieler gleichsam wie im Koma dahin. Einer der großen Fehler der Gläubigen unserer Tage bestehe darin, so sagt Kardinal Ratzinger, „sich mit der Sünde wohl zu fühlen". So werde „das Herz von Blindheit geschlagen, hört auf, Gott zu suchen, sucht die Gnade nicht und verspürt keinerlei Reuegefühle mehr".

Umkehr ist also der Kern der Fastenzeit. Aber wieso ist es notwendig, Verzicht zu üben, zu fasten, sich freiwillig Schmerzen zuzufügen, um Umkehr zu erreichen? Viele, die möglicherweise großen Respekt haben vor Moslems, die den Ramadan ernst nehmen, lächeln oder protestieren, wenn die Kirche uns aufruft, Verzicht zu üben. Es heißt dann gleich, die Kirche sei leib- und genußfeindlich. Doch ein solcher Protest ist ebenso dumm wie seltsam. Es gilt als völlig normal, wenn man Torturen auf sich nimmt, um ein paar Kilo abzunehmen; wenn man sich schmerzhaften Behandlungen unterwirft, um besser auszusehen; wenn man sich quält, um ein noch besserer Sportler zu werden. Geht es um Gesundheit und Schönheit, so ist man fast zu jedem – auch körperlichen – Opfer bereit. Doch geht es um die Liebe zu Gott und um die innere Gesundheit, das Heil der Seele, so höhnt man oder empfindet Abneigung, ja, manche gar Horror.

Eines ist klar: Christus selbst hat hart gefastet, vierzig Tage in der Wüste. Er hat uns erlöst durch Leid und Schmerz, nicht durch Reden. Das Leid hat im Christentum ebenso seinen Platz wie die Freude. Vor Ostern steht Karfreitag. Ebenso klar ist auch: Es geht nicht um das Opfer an sich, es geht um das Motiv.

Was aber bedeutet das körperliche Opfer, der Verzicht, das Fasten für die Umkehr? Unser ganzes Sein hellhörig machen, in die Lage versetzen, die Stimme Gottes zu hören. Am eindrucksvollsten wird das deutlich im Gleichnis vom verlorenen Sohn. Diese Geschichte erzählt der Sohn Gottes selbst. Der jüngere Sohn eines wohlhabenden Vaters ist den Verlockungen einer illusorischen Freiheit erlegen. Er verläßt das Vaterhaus mit seinem Erbteil. Dann lebt er in Saus und Braus. Der Vater und sein Zuhause sind vergessen. Bald ist sein ganzes Vermögen verschleudert. Schnell fällt der Sohn ins tiefste Elend. Schweine hüten muß er nun, um sich am Leben zu halten. Dann seine Erkenntnis, seine Reue und sein Entschluß, sich vor dem Vater schuldig zu bekennen; der Rückweg; die großherzige und freudige Aufnahme durch den Vater; das alles sind Züge dieser wunderschönen Umkehr.

Das ist der Kern der Fastenzeit. Die Umkehr ins Vaterhaus. Drei Stufen kennzeichnen diesen inneren Prozeß: die Sünde erkennen, die Sünde bereuen, den Vorsatz fassen und sich bemühen, nicht mehr zu sündigen.

Und wie sehen Opfer und Verzicht in der Praxis aus? Nein, es kann, aber muß nicht der Verzicht auf Bonbons und Sahnetorte sein. Denn manch einer mag gar keine Bonbons. Doch das kleine oder größere Opfer, das man bringt, es sollte schon „pieksen", einem etwas abverlangen. Und die Palette ist groß – es gibt nicht nur die „Klassiker": den Verzicht auf Alkohol-, Tabak- oder Fernsehkonsum. Alleine das Lesen solcher Opfer wird dem einen oder anderen weh tun. Und genau so muß es leider sein, denn: *It's a hard way to heaven!*

Hochmut kommt vor dem Fall

Vom „Vergnügen", anderen überlegen zu sein

Stolz! Allein das Wort schon klingt hochmütig. Wer aber ist stolz, wer nur eitel? Der Angeber? Der Vater, der „stolz" auf seinen Sohn ist? Der selbstverliebte Gockel?

„... dann werdet ihr sein wie Gott", versprach die Schlange Adam und Eva. Stolz ist die Ursünde des Menschen und der Engel. „Unkeuschheit, Jähzorn, Habgier, Trunksucht und ähnliches sind im Vergleich zum Hochmut nur Mückenstiche. Der Stolz brachte Luzifer zu Fall, der Stolz ist die Quelle aller Sünden", schreibt C. S. Lewis. „Hochmut lebt von der Konkurrenz, die wir bei anderen Lastern nicht kennen. Er freut sich nicht daran, was er hat, sondern daran, daß er mehr hat als ein anderer. Die Menschen sind nicht stolz auf ihren Reichtum, ihre Klugheit oder Schönheit. Wären alle anderen genauso reich, klug oder schön, so gäbe es keinen Grund mehr, stolz zu sein. Stolz sind sie, klüger, schöner oder reicher zu sein. Hochmut ist das Vergnügen, anderen überlegen zu sein." Der Hochmut verlangt also nach Wettbewerb und kennt darum keine Grenzen. Seine Selbsteinschätzung gegenüber den Mitmenschen drückt das Scheingebet aus: „Gott, ich danke dir, daß ich nicht bin wie die übrigen Menschen: Räuber, Ungerechte, Ehebrecher, auch nicht wie dieser Zöllner da" (Lk 18,11).

Stolz ist die Überschätzung des eigenen Wertes. Der Hochmut gelangt zur Vollendung, wenn der Mensch niemanden, auch keinen Gott, über sich anerkennen will. Die große atheistische Versuchung flüstert dem Menschen ein, Gott, der seine Freiheit einengt, brächte ihn um seinen Selbstwert. Freiheit aber definiert sich nach christlichem Verständnis nicht negativ, sondern positiv. Sie wurde dem Menschen nicht verliehen, damit er frei sei von allem, sondern frei zu etwas, zur Verwirklichung seiner Bestimmung: Ebenbild seines Schöpfers zu sein.

Die Lehre der Kirche wird in der Öffentlichkeit häufig auf Sexualität fokussiert. Das erste Gebot aber gilt nicht der Versuchung des Fleisches, sondern der Verführung des Geistes. „Ich bin der Herr, Dein Gott. Du sollst keine fremden Götter neben mir haben." Das zeigt den Stellenwert des Stolzes.

Wo lauert der Stolz? „Der Gerechte fällt sieben Mal am Tag", heißt es in der Bibel. Nicht die Verfehlung selbst, sondern die innere Haltung hierzu, das mangelnde Eingeständnis, gesündigt zu haben, verrät Stolz. Beispielsweise beim sechsten Gebot: Wie ICH handle, ist es schon in Ordnung. Ob Verhütung, Sexualität oder Gehorsam – ICH entscheide, was Gott meint. Die Regeln, die Gebote – ICH stelle sie auf.

Die christliche Tugend, die dem Stolz, dem Hochmut, Einhalt gebietet, ist die Demut. Sicher die schwierigste Tugend. „Wenn Ihr nicht werdet wie die Kinder", warnte Christus. Nein, kindisch soll der Mensch nicht sein, wohl aber kindlich. Kindlich in seinem Vertrauen auf Gott. Kindlich im raschen Wiederaufstehen, wenn er gefallen ist, wenn er gesündigt hat. Der neue Anfang, der erneute Empfang des Sakramentes der Buße – das fällt schwer, das verbietet der Hochmut, das verlangt Demut! Hier spürt der Mensch die Einflüsterungen des Stolzes: Unsinn, war doch nicht so schlimm ... Die Umstände ... Der Bußgottesdienst reicht doch auch ...

Wie man Demut erlernt? Sicher gehört sie zu den Tugenden, um die man bitten muß. Trotzdem empfiehlt Lewis einen Einstieg: „Der erste Schritt besteht darin, zu erkennen, daß wir stolz und hochmütig sind. Tun wir ihn nicht, so kommen wir nicht weiter. Wer von sich meint, er sei nicht stolz, der beweist nur, daß er es tatsächlich ist.“

Man gönnt sich ja sonst nichts ...

Die Zeit nutzen als Christenpflicht

Zeit ist ein rares Gut. Viele Menschen fühlen sich gehetzt, erleben sich wie ein Hamster im Laufrad, haben das Gefühl gelebt zu werden, statt zu leben.

Zeit ist rar, Zeit ist kostbar. Aber da gibt es noch etwas ganz Entscheidendes: Die Zeit gehört nicht uns – wir verwalten sie nur. Gott hat den Menschen erschaffen und jedem einzelnen ein bestimmtes Quantum an Zeit geschenkt, von seiner Geburt bis zum Tode. Mit dieser Zeit sollen die Menschen wuchern, sie sollen sie verantwortungsbewußt nutzen, mit ihr etwas unternehmen, zum Wohl von anderen, wie auch zum eigenen.

Der christliche Glaube lehrt, daß die Menschen sich nach ihrem Tod vor Gott verantworten müssen, wie sie ihre Zeit genutzt haben. Was sie geschaffen haben, ob sie sie sinnvoll genutzt haben, ohne stete Rücksicht auf „Lust und Laune“. Dieses Wissen kann dabei helfen, der beliebten „Man gönnt sich ja sonst nichts“-Mentalität, die in uns allen schlummert, nicht immer nachzugeben.

– Zeit nutzen kann heißen, nicht in den Tag hineinzuleben, sondern seinen Alltag zu planen, eine Art Stundenplan zu entwerfen, um den privaten und beruflichen Verpflichtungen nachkommen zu können. Ohne demonstrative Hektik, ohne wichtige Betriebsamkeit, sondern in Ruhe und mit Bedacht.

– Zeit nutzen kann meinen, eine realistische Stundenzahl für jede berufliche Aufgabe wirklich einzuplanen und sich zu bemühen, sie tatsächlich in dieser Zeit zu erledigen. Bei Einkäufen vorausschauend zu agieren, Besorgungen zusammenzulegen, um nicht für jede einzeln unterwegs sein zu müssen.

– Zeit nutzen kann heißen, nicht zu spät schlafen zu gehen, denn erfahrungsgemäß beginnt jeder neue Tag bereits mit dem Beginn der Nachtruhe. Es kann heißen, aufzustehen, wenn der Wecker klingelt, ohne Zugeständnisse an das beliebte „Viertelstündchen".

– Zeit nutzen kann bedeuten, auch die freie Zeit gut zu planen. Einen Ausflug oder Spieleabend mit der Familie zu organisieren, statt die Stunden daheim vor sich hin plätschern zu lassen; mit Bedacht einen guten Film auf Video auszuleihen, statt wahllos durch die Fernsehprogramme zu zappen.

Die Zeit gut zu nutzen – das ist für niemanden leicht. Und wer es lernen oder gar perfektionieren möchte, den wird auch das Zeit kosten. Zeit, die auf dem „hard way to heaven"-Konto gut investiert ist. Und ihre Früchte lassen sich zudem schon in diesem Leben genießen ...

Teufel noch mal ...

Der Preis ist verdammt heiß

Ja, schon klar, natürlich gibt es ihn nicht wirklich. Wir sind doch keine Phantasten, keine Spinner. Früher glaubten die Leute mal daran. Weil die Kirche ihn erfunden hatte, als Machtknute.

Spätestens seit dem Buch „Abschied vom Teufel“ des Theologen Herbert Haag wissen wir doch Bescheid. Abschied vom Teufel – so etwas hört er übrigens sehr gerne, da ist er gar nicht eitel. Denn nichts ist ihm lieber, als daß niemand von ihm spricht. So kann er im Verborgenen wirken und verwirren.

Das aber klappt nicht immer. „Im Auftrag des Teufels“ heißt der Hollywoodfilm, in dem Al Pacino den Leibhaftigen in Gestalt eines Staranwalts spielt und ihn so ins Rampenlicht holt. „Ihr müßt doch zugeben, daß das 20. Jahrhundert mir gehört!“, brüllt er in einem finale grandioso seine „Kinder“ an.

Namen besitzt der Meister der Täuschung, Halbwahrheit und Lüge so viele wie Masken und Kostüme: Teufel, Luzifer, Mephisto,

Diabolus, Satan, Fürst der Finsternis, Höllenfürst, Leibhaftiger, Schlange. Er gilt als listig, als Heuchler, Schmeichler, als Verdreher, als „Herr dieser Welt". Er gibt sich gerne auch als Humanist, als wahrer Freund des Menschen, den er umschmeichelt, dem er seine wahre Freiheit zeigen möchte. „Edel sei der Mensch, hilfreich und gut", forderte Goethe. Wer wollte da widersprechen ...

In seinem Faust nennt er ihn einen „Egoist", eine „Spottgeburt von Dreck und Feuer". Doch nicht Hörner, Pferdefuß und Schwefelgeruch, nein, der feine Zwirn, die säuselnde Stimme, der besondere Duft, die „gute Absicht" prägen sein Ambiente. Wer vor ihm warnt, den veralbert er. Er ist zu listig, als daß er dem Menschen plump zurufen würde: „Hasse Gott, lösche die Liebe aus, vernichte die Tugenden, töte ..." Elegant, aalglatt kommt er daher, in Gestalten, in denen man ihn am wenigsten vermutet. Meisterhaft spielt er auf der Klaviatur menschlicher Begierden, die er mal zart, mal wild zu kitzeln versteht: Stolz, Eitelkeit, Macht, Geld, Karriere, Geilheit. Und läßt man sich auf ihn ein, so bietet er viel, der Fürst dieser Welt. Großzügig „schenkt" er alle irdischen Wonnen, Erfolge und Schätze. Doch sein Preis ist verdammt hoch: Er will die Seele ...

Er säte und flüsterte ...

Der Teufel haßt Leben und Liebe, denn beides kommt von Gott. Und er dürfte erst zufrieden sein, wenn es „den Menschen" nach Gottes Angesicht nicht mehr gäbe. Nun besitzt er nicht die Macht, die Menschen durch einen Handstreich hinzurichten, die Liebe über Nacht verdampfen zu lassen. So ist er gezwungen, mühsam eine Kultur des Todes zu säen, den Menschen einzuflüstern, sich selbst zu vernichten. Und er säte und flüsterte so fleißig, daß man Al Pacino verstehen kann: „Ihr müßt doch zugeben, daß das 20. Jahrhundert mir gehört!"

Erst ersann er Ideologien, und all jene Menschen, die dem erdachten Prototyp nicht entsprachen, ließ er in KZs und Gulags sterben. Er schuf Zwietracht zwischen Völkern und Religionen, damit sie sich in Kriegen zerfleischten. Er streute Sand in die Gehirne mancher „Ausgewählter" und formte sie zu perversen Terroristen. Er ließ Abtreibung und Euthanasie legitimieren und flüsterte den Menschen ein, Treue sei eine Tugend, die man nicht von jedem

Menschen erwarten könne. Eheleuten, Müttern und Vätern machte er Mut: „Los, geht und verwirklicht euch selbst! Glaubt nicht, nur weil ihr vor diesem eifersüchtigen Gott irgendwann einmal, im postpubertären Lendenrausch, bekifft von sentimentaler Stimmung, euch ewige Treue schwort, müßtet ihr ein Leben lang ... Das will doch auch Gott nicht, er will glückliche Kinder! Ihr lebt doch nur einmal, denkt endlich an euch, werdet glücklich ..."

Nein, AIDS hat nicht er in die Welt gesetzt – so weit geht seine Macht nun mal nicht. Aber fortan predigte er den Menschen, nicht Untreue sei die Ursache für die Verbreitung des Virus, sondern ungeschützter Verkehr. Also bloß schützen und weitermachen ... Dann zog er ein weiteres As: die Überbevölkerung! Euer Planet wird platzen, log er sie an, viel zu viele Menschen, zu wenige Ressourcen, kaum Luft zum Atmen! Und Panik brach aus, es wurde verhütet auf Teufel komm raus, zwangskastriert, sterilisiert.

Das Chaos war perfekt, niemand wußte mehr, was richtig und falsch, gut und böse war. Alle redeten mit verschiedenen Zungen wild durcheinander, und längst hatte sich jeder seinen eigenen Kodex und Götzen geschaffen. Der Teufel rieb sich die Hände, während die Menschen Foren und Kommissionen gründeten, um zu diskutieren, zu schwätzen und sich zu profilieren. Ein Jahrmarkt der Eitelkeiten – genau das mochte er!

Es geht doch um Positives …

Und bald schon würde der Mensch, die Krone der Schöpfung, sich selbst „machen“ können. Allerdings – hier zeigt sich dann doch des Teufels Ohnmacht: Er kann nun einmal bloß imitieren, nachäffen, abkupfern, klonen. Schöpferakte bleiben Gott vorbehalten.

Ja, ja, schon gut, hören wir auf! Sonst glauben Sie noch, ich wäre so blöde, zu denken, es gäbe ihn wirklich. Und außerdem, werden Sie sagen, das alles hier sei viel zu platt, zu undifferenziert, die Probleme seien vielschichtiger, eher soziologischer, geopolitischer, sexueller, sozialer und anthropologischer Natur. Ja, verstanden. Natürlich hatte ich das ja auch nicht ernst gemeint. Und schließlich werden Sie mir vorhalten, es ginge doch bei diesen Beispielen nicht um Diabolisches, sondern ausschließlich um Positives: Selbstverwirklichung, Schutz der Würde, Fortschritt, Befreiung, Gleichberechtigung. Um Helfen und Heilen von Alten, Kranken, Homosexuellen, Müttern ...

„Ihr müßt doch zugeben, daß das 20. Jahrhundert mir gehört!" Mag sein, aber das ist vorbei. Im 21. könnte es also besser werden. Also schau'n wir mal! Vor allem auf uns. Damit er nicht rankommt. An uns.

Maria

Weder unmännlich, noch dämlich: die Verehrung der Gottesmutter

Manch einer fühlt sich unwohl, vielleicht gar ein wenig kindisch dabei, sich an Maria zu wenden. Er hält das für kitschige Glaubensromantik, naives Glaubensverständnis. Andere stoßen sich am Marienkult, spotten gar über die Gottesmutter und ihre Jungfräulichkeit. Doch viele, ja sehr viele Menschen aber beten und wallfahrten zu ihr, finden unter ihrem Mantel Trost und Zuflucht.

Wer ist Maria? Im Glaubensbekenntnis der katholischen Kirche heißt es: „Geboren von der Jungfrau Maria". Viele Christen haben heute Schwierigkeiten damit. Nicht nur wegen der schwer verständlichen jungfräulichen Geburt. Die Marienverehrung – so die Sorge – könne der Ehre Gottes Abbruch tun, sie zumindest aber einschränken oder verdunkeln.

Viele stoßen sich auch an angeblichen Marienerscheinungen, weinenden Madonnen, dem Frömmigkeitsstil eifriger Marienpilger und dem Geschäftmachen mit dem Marienkult. Nicht nur in Lourdes kann man Marienabbildungen in allen möglichen Variationen, auch für den alltäglichen Gebrauch – zum Beispiel als Badeseife – erwerben. Die Grenze zur Geschmacklosigkeit wird oft überschritten. Ein gefundenes Fressen für aufgeklärte Agnostiker.

Meldungen über „Marienerscheinungen" in der ganzen Welt häufen sich. In Deutschland war es in Marpingen (Saarland) und Sievernich (bei Köln). Tausende machten sich auf, um die Seherinnen live zu erleben. Warum? Wundersucht, Neugier, wirkliche Frömmigkeit? Die Medien installieren Expertenforen. Wer erinnert sich nicht an die Spekulationen über das „Dritte Geheimnis von Fatima". Der Text wurde jahrzehntelang unter strengster Geheimhaltung in den Tresoren des Vatikans aufbewahrt. Er war nur dem Papst und seinen engsten Mitarbeitern bekannt. Wie oft stellte man den „Eingeweihten" Fangfragen, die etwas Licht ins Dunkel bringen sollten. Jetzt ist das Geheimnis veröffentlicht, die Neugier befriedigt. Man interessiert sich nicht mehr dafür.

Heilmittel in Krisenzeiten

Im Hinblick auf die Krise im Kirchenverständnis und die Krise der Moral gibt es ein Heilmittel, das seine Wirksamkeit über die Jahrhunderte hindurch konkret gezeigt hat: Maria. Selbst der Präfekt der Römischen Glaubenskongregation Joseph Kardinal Ratzinger hat sich so geäußert. Sein Zeugnis ist zudem von einem persönlichen Weg getragen. „Als junger Theologe" – erinnert sich Ratzinger – „vor Beginn (und wohl auch noch während) des Konzils hatte ich, wie es vielen ging und heute noch geht, einige Vorbehalte gegenüber bestimmten alten Formeln wie zum Beispiel gegenüber jener berühmten *de Maria numquam satis* (über Maria kann man nie genug sagen). Sie schien mir übertrieben. Es war für mich dann schwer, den wahren Sinn eines anderen berühmten Ausspruchs zu verstehen, der die Jungfrau als Überwinderin aller Häresien bezeichnet. Erst jetzt – in dieser verworrenen Zeit, in der wirklich jede Art von häretischer Abweichung an die Türen des authentischen Glaubens dringt – verstehe ich, daß es sich nicht um fromme Übertreibungen handelte, sondern um Wahrheiten, die mehr denn je gültig sind."

Für Johannes Paul II. ist der Blick auf Maria gar der Schlüssel für die Erschließung der Wahrheit über Jesus Christus, der Wahrheit über die Kirche und der Wahrheit über den Menschen. Maria müsse mehr denn je die Pädagogik sein, mit der man das Evangelium dem Menschen von heute verkünde. Ein wichtiger Teil dieser Pädagogik ist Gebetspraxis. Nicht umsonst hat der Papst deshalb ein Jahr des Rosenkranzes ausgerufen. Er verspricht sich von der Betrachtung der Episoden des Lebens Jesu, die im Rosenkranz erfaßt sind und die gleichsam an der Hand Marias durchbetet werden, eine tiefere Einsicht in das Geheimnis des Gottessohnes.

Jungfräuliche Empfängnis

Die marianischen Dogmen sind nicht Ergebnis rein theologischer Spekulation. Auf diesen Gedanken könnte man kommen, bedenkt man, daß zwischen der Verkündung des ersten Dogmas (Muttergottes) und dem letzten (Aufnahme in den Himmel) 1.500 Jahre liegen. Nein, die Keime der Dogmen liegen klar in der Heiligen Schrift. Hier läßt sich allerdings nun nicht die Genese und die gesamte theologische

Landschaft der vier Mariendogmen erläutern. Ein Dogma allerdings soll erwähnt werden, das für manchen nicht verständlich ist: die jungfräuliche Empfängnis und immerwährende Jungfräulichkeit Marias.

Die Evangelien fassen die jungfräuliche Empfängnis als ein Werk Gottes auf. Es gibt aber auch Stimmen – insbesondere seitens der historisch-kritischen Methode der Schriftauslegung – es handle sich um eine Legende oder ein theologisches Konstrukt. Einen Anspruch auf Geschichtlichkeit gebe es nicht. Eine mögliche Antwort auf diese Behauptung liefert der Katechismus der katholischen Kirche: Der Glaube an die jungfräuliche Empfängnis ist bei Nichtchristen, Juden wie Heiden, auf lebhaften Widerspruch, Gespött und Unverständnis gestoßen; er war also nicht durch die heidnische Mythologie oder irgendeine Angleichung an zeitgenössische Ideen motiviert.

Nun läßt sich erwidern, es sei sekundär, ob Maria jungfräulich geboren habe und geblieben sei. Da gäbe es doch wahrlich Wichtigeres. Ganz so einfach ist es nicht. Denn es ist klar, daß die jungfräuliche Geburt sehr deutlich zum Ausdruck bringt, daß sich Jesus als Sohn Gottes einzig und allein seinem Vater im Himmel verdankt. Die Jungfrauengeburt ist also ein Beweis der wahren Gottessohnschaft Jesu. Und die zeichenhafte Bedeutung geht noch weiter: Ihre vollkommene Hingabe an den heilsgeschichtlichen Auftrag, ihre vollkommene Hingabe an den göttlichen Willen findet in der Jungfräulichkeit ihren tiefsten Ausdruck. Maria steht ganz im Dienst für Gott und die Menschen.

Verehrung statt Anbetung

Marienverehrung: Wird sie richtig geübt, so sichert sie dem Glauben die nötige Nahrung für Verstand und Gefühl – für Kopf und Herz. Der Mensch ist nun einmal nicht „eindimensional" angelegt. Maria wird in der katholischen Kirche nicht angebetet. Sie wird vielmehr seit eh und je mit einem Kult eigener Art geehrt. Immer wieder hat die Kirche betont, daß sowohl jede falsche Übertreibung als auch zu große Geistesenge bei der Verehrung Marias zu vermeiden ist. Die wahre Andacht – so ermahnt sie die Gläubigen – bestehe weder in unfruchtbarem und vorübergehendem Gefühl noch in irgendwelcher Leichtgläubigkeit. Wahre Andacht gehe aus dem wahren Glauben hervor. Und dieser führe zur Anerkennung der Erhabenheit der Gottesmutter, zur kindlichen Liebe und fordert zur Nachahmung ihrer Tugenden auf.

Ist es „unmännlich", sich an Maria zu wenden? An die Mutter Gottes, die in der Todesstunde Christi nicht wie die Apostel feige davongelaufen war, sondern tapfer unter dem Kreuz verharrt hatte? Ist es „dämlich", Maria beim Beten des Rosenkranzes, beim Gebet des Angelus oder bei einer Wallfahrt Anliegen anzuempfehlen? Christi leibhaftiger Mutter, deren Bitten er – wie wohl jeder Sohn – sicher gerne erfüllen und auf deren Rat er wohl hören würde? Vertrauen ist die Basis eines jeden Gebetes. Das gilt auch für die Bitte um die Fürsprache Mariens.

Doch darf man getrost weitergehen. Und viele tun das auch. Es lohnt, sich darum zu mühen, Maria nicht nur zu verehren, sondern zu lieben. Von ganzem Herzen. Der Frau, die man liebt, der macht man Geschenke, der bringt man Blumen mit, für die kann man „Dummheiten" begehen. Maria ist eine Frau. Und die freut sich über einen Rosenkranz, eine Wallfahrt, die man ihr widmet. Eine Kerze, die man für sie entzündet. Oder einen Strauß Blumen, den man in der Kirche „heimlich“ vor ihre Statue legt. Denn wie schon gesagt: Maria ist eine Frau ...

„Ist doch nicht so schlimm ...“

Das Moralische versteht sich von selbst

Zu den Grundbegriffen, die Handlungen moralisch bewerten, gehörten stets „gut“ und „böse“. Unsere Gesellschaft aber hat ihre eigenen moralischen Kategorien entwikkelt. Das populärste Attribut heißt „schlimm“. Es ist ein glitschiges Adjektiv, das aus dem Mund flutscht und eigentlich nichts besagt. Es ist die typische moralische Bewertung der Spaßgesellschaft, die dem Relativismus frönt und sich vor Verbindlichkeit ekelt. Die Redewendung: „Ach, das ist doch nicht so schlimm!“ verrät großzügiges Toleranzgehabe und verharmlost zumeist Falsches, Schlechtes oder Böses. Wer eine Handlung oder ein Ereignis trotz der öffentlichen Bewertung „ist doch nicht so schlimm“ ablehnt oder gar verurteilt, gerät in den Geruch, Moralapostel zu sein, der polarisiert, der „immer was hat“.

„Ist doch nicht so schlimm“, wenn das Fernsehen im Nachmittagsprogramm Themen rund um Lust und Sex bringt – auch die Kinder sind doch heute weiter. „Ist doch nicht so schlimm", wenn auf staatlich subventionierten Bühnen der christliche Glaube verunglimpft wird – ist doch Kunst. „Ist doch nicht so schlimm", wenn Stefan Raab hilflose ältere Menschen veräppelt – ist doch irgendwie lustig. „Ist doch nicht so schlimm", wenn diese Frau ihr Kind abgetrieben hat – sie hat doch schon zwei. Und es „ist doch auch nicht so schlimm", wenn die Nachrichten immer häufiger Meinungen (Schröder sagte, Fischer meinte, Scharping erklärte) in Form von Fakten servieren – ist doch auch irgendwie informativ.

„Schlimm" ist es, wenn man in Anwesenheit eines Kindes raucht, wenn niemand sich gegen die Hühner-Legebatterien engagiert, wenn die Arbeitslosigkeit weiter steigt. Mag ja sein, daß dies „schlimm" wäre. Aus diesem Grunde aber die Negation von „schlimm" als Legitimation zu verstehen, das ist wahrlich „schlimm".

Wann und warum aber eine Handlung richtig oder falsch, gut oder schlecht ist, ob ein Zweck die Mittel heiligen darf oder ob der Mensch stets seinem Gewissen folgen soll – all dies interessiert kaum jemanden. Wäre wohl auch zuviel verlangt, sich mit solch lästigen Fragen beschäftigen zu sollen, nachdenken, nachlesen, subsumieren zu müssen. Und ist auch nicht nötig, denn mit „ist doch nicht so schlimm“ fahren wir doch ganz gut. Zudem klingt es irgendwie toleranter, weniger rechthaberisch als richtig, falsch, gut oder böse.

„Die Macht der Dummheit“ ist halt gewaltig, wie der französische Philosoph André Glucksmann diagnostiziert. Hauptsache, wir sind gesund und tun niemandem weh. Das Moralische versteht sich doch von selbst, wie man so sagt ...

Virtuelle Sprachblasen und der Stolz

Eine Bitte an die Priester

Viele Wege führen nach Rom. So sagt man. Doch von Rom aus gibt es nur eine prachtvolle, doch steil ansteigende Allee, die die Kirche anbieten kann: die der Rechtgläubigkeit. Damit müssen oder dürfen katholische Christen leben. Viele beneiden uns um eine solch geradlinige Allee, um eine „Zentralinstanz", die mit Klarheit und Entschiedenheit spricht und sich nicht beirren läßt von Mainstream und Stimmung.

Die Kirche zwingt den römisch-katholischen Glauben niemandem auf. Sie „verwaltet" den ihr anvertrauten Glauben als kostbarstes Gut für die, die aus freier Überzeugung glauben wollen! Mehr tut sie nicht. Doch wer nicht bereit ist, sein Leben nach dem überlieferten Glauben an Christus, seine Lehre und seine Kirche auszurichten, darf der erwarten, daß sich Rom nach den individuellen Wünschen einzelner oder lautstarker Initiativen richtet?

Doch genau dies erwarten und fordern so manche. Und meist ist die Wurzel dieselbe:

Es mangelt an Demut, Ehrfurcht und Vertrauen. Der Stolz regiert und ein enger Verwandter: die Dummheit. Viele Gläubige und Priester benehmen sich so, als ob es Glaubensbekenntnis, das jedem ach so leicht über die Lippen geht, Offenbarung und Wahrheit nicht gäbe.

Der „mündige Christ"

Wie kommt das alles? Ein Blick zurück. Als Schüler las man im Reliunterricht Camus, Sartre, Borchert, Kant. Die Lehrer mühten sich, Schülern eigene Glaubenszweifel plausibel zu machen. Im Theologiestudium schwärmten Dozenten von Barth, Boff und Bultmann, von existentialer Exegese und von strukturalistisch-dekonstruierender Dogmatik. Das Neue Testament sei radikal zu enthistorisieren, die Auferstehung müsse bloß als „sekundäre Deutung gefaßt" werden. Saussure, Kristeva, Foucault, das waren die Hausgötzen. Stolz prahlten Studenten, kaum einer der Dozenten glaube noch an das Gottmenschentum Jesu, die kurios krause thomistische Konstruktion der Realpräsenz Christi im Allerheiligsten.

So schuf man die Gattung des „mündigen Christen". Und der will den „Muff" nun endlich rauslassen. Er grenzt sich ab vom „unmündigen Fundi“ und „romtreuen Deppen“, der sich wimmernd an den Rockzipfel des Papstes klammert oder bibbernd den Schutz des Marienmantels sucht. Gehorsam gegenüber der Kirche erinnert den „Mündigen“ an finsteres Mittelalter und Stechschritt.

Sakrale Theke

Für den „Mündigen“ ist Kirche eine „sakrale Theke“, die vom Hochprozentigen bis zum Fencheltee alles bietet. Ein „Ort der Begegnung“. Mehr nicht. Er leidet unter Zölibat, Autorität und Frauenfeindlichkeit. Immer noch brüstet er sich, er schwämme tapfer gegen den Strom, obwohl dieser ihn längst mitreißt. Mutig bringt er sich ein, mischt mit und sorgt sich um die großen sozialen Probleme dieser Welt. Viele sind halt berufen, wenige aber auserwählt ... Vor allem aber: Mündige Christen leben nach dem Motto „Konfuzius sagt, der Papst lehrt, Einstein schreibt – ich aber sage Euch ...“ Endlich zeigen mal einige Rebellen jener römischen Clique alter seniler Männer, wo die Glocken hängen!

Der Gipfel aber ist, plötzlich klagen und jammern alle unisono über Glaubensschwund und Kirchenaustritte! Dreißig Jahre haben sie Zinnober und Zirkus veranstaltet, Inhalte aufgegeben, gutmütiges Gehabe statt Tapferkeit und Treue bewiesen. Um jetzt die Resultate ihrer Experimente zu beweinen.

Die Kirchen in Deutschland sind leer geworden. In satten Zeiten braucht man ihn nicht, den „lieben Gott". Doch sind auch viele Gläubige aus den Bänken vertrieben worden. Weil Kirchenvertreter, verblendet von „neuen Formen", in den Kirchen Ehrfurcht und Mysterium durch Gerede und Klamauk ersetzten. Nicht wegen des Papstes, der Kirchengebote, der Strenge der Liturgie haben viele Christen ihrer Kirche den Rücken gedreht. Papsttreue geistliche Gemeinschaften fordern junge Menschen – und erleben starken Zulauf.

Sprechblasen

Doch nicht nur Laien, auch Priester haben häufig eigene Vorstellungen vom Glauben und ihrer Verantwortung. Es ist der erste Sonntag in der Fastenzeit. Ein Pfarrer predigt. Mit erhobener Stimme diagnostiziert er die Symptome des Krebses, an denen die Gesellschaft leidet: Egoismus, soziale Ungerechtigkeit, Ausländerfeindlichkeit, Ehescheidungen ...

Ja, er geht noch weiter und fordert die Gemeindemitglieder auf, die Fastenzeit zur Umkehr, zum Neuanfang zu nützen. Im Drama wäre jetzt die Stufe der Katharsis erreicht, der Höhepunkt. Die versammelten Christen hängen an seinen Lippen. Nach der Diagnose muß jetzt die Therapie folgen. Und der Pfarrer wird ihnen nun sicher erläutern, was diese Umkehr konkret bedeutet!

Doch wieder einmal kriegt er in letzter Sekunde die Kurve: „Und deshalb lassen wir doch die göttliche Liebe zu! Bieten wir Ihm Raum in uns, hören wir in diesen Jesus hinein, lassen wir uns auf diese unerhörte Botschaft ein! Geben wir Ihm doch die Chance zu wirken, um uns allen jenen tiefen inneren Frieden mit ihm, durch ihn, und in ihm zu schenken. Als Beschenkte und Schenkende im Herrn, der uns umarmt, der uns seine Fülle schenkt, der die Liebe ist – und in dieser Liebe uns Menschen die Liebe liebevoll spüren läßt. Eingefangen in jenem kosmischen Mysterium, das durch und durch uns zu eigen werden kann – wenn wir nur wollen in Christus, in jenem Jesus ...“

Der Pfarrer hält inne, er atmet durch. Manche warten ungeduldig auf das „Amen“, damit es weitergehen kann. Andere sind irritiert. Wie sollen sie nun neu anfangen? Was sollen sie konkret ändern in ihrem Leben?

Konkreter Vorsatz

Und der Pfarrer fährt tapfer fort: „Fastenzeit. Umkehr. Neuanfang. Nehmen wir Ihn auf und somit uns, denn in diesem einzigartigen Transport, in jener Transformation der christlichen Liebe – darin liegt das Mysterium des Glaubens begründet. Vergessen wir das nicht in der Fastenzeit.“ Ein wenig erschöpft von dieser Energieleistung schließt er ermattet und erleichtert mit einem bewußten und kräftigen „Amen“. Und so mancher Gläubige nimmt sich vor, genau das, also wirklich genau dieses in der Fastenzeit nicht zu vergessen ...

Warum diese Eiertänze? Warum nicht klare, eindeutige, einfache Worte: „Jetzt bereiten wir uns auf Ostern vor. Dazu gehören erst einmal ein oder zwei konkrete Vorsätze: für eure Ehe, euer Verhältnis zu Freunden oder Kollegen und zu Gott. Vielleicht besucht ihr außerdem bis Ostern ein- oder zweimal die Wochentagsmesse. Starten aber wollen wir in die Fastenzeit mit einer guten Beichte. Ab morgen warte ich täglich ab 17.00 Uhr im Beichtstuhl auf euch. Und es wäre schön, wenn ihr alle kommen würdet. Dann kann die Fastenzeit fruchtbar werden."

Alltag in so manchen deutschen Kirchen, in denen virtuelle Sprachblasen und eine verquaste Sprache die Gläubigen im Nebel stehen lassen. Bloß keine unbequemen Wahrheiten benennen. Selbst wenn das Tagesevangelium Glasklares über den reichen Jüngling, über Tod und Teufel, über das irdische Leben als Prüfung bringt, landen die Zelebranten schließlich wieder bei Asylanten, Alleinerziehenden und Arbeitslosen. Bisweilen ist man wirklich geneigt, Rom um Dispens vom Besuch der Sonntagsmesse zu bitten.

Mangelnde Demut und „happy hour"

Als Kinder brachte man uns bei, vor dem Allerheiligsten das Knie zu beugen. Als kleines, doch wichtiges Zeichen der Ehrfurcht. Beim Empfang der Kommunion knieten wir an langen Bänken und während der Wandlung und beim Segen ebenso. All das ist heute nicht mehr „nötig", ist längst auf dem Sperrmüll gelandet! In vielen Kirchen gibt es keine Kniebänke mehr. Die „Gemeindezentren“ erinnern an Tagungs- und Seminarräume. Ja, selbst mancher Priester beugt während der Wandlung nicht mehr sein Knie. Was soll man Kindern sagen, wenn sie fragen: „Papa, warum brauchen sich die anderen nicht knien, wenn sie reinkommen?“ Der emanzipierte Christ liebt dieselbe Augenhöhe. Er bietet Gott die Stirn. Er steht aufrecht und selbstbewußt, als Laie, der um seine Bedeutung weiß und engagiert in der Sonntagsmesse das Kirchenlied schmettert: „Wenn das Rote Meer grüne Welle hat, dann ziehen wir weiter ...“

Früher waren es Priester, die Kinder und Jugendliche auf den Empfang der Sakramente vorbereiteten. Oder die sogenannten „viri probati“, im Glauben gefestigte und bewährte Laien. Die Kinder lernten Glauben und Gebete, Sakramente, Tugenden und manches mehr. Heute ersticken die Priester an Bürokratie und Besprechungen, für die Formung junger Christen fehlt die Zeit.

Erstkommunionunterricht heißt „happy hour“! Spaß ist angesagt, Brotbacken, Basteln, Spiele. Das jedenfalls wollen viele Eltern und Katechetinnen. Fast jeder, der sich „einbringen will“, darf unterrichten. Profil und Eignung sind zweitrangig. Und möchte dann ein Katechet tatsächlich den Kindern Grundzüge des Katechismus beibringen oder gar die Kinder lehren, Christus sei nicht nur ein besonders guter Mensch gewesen, sondern Gottes Sohn, so folgen klare Mahnungen der Oberkatechetin, das störe den „Konsens".

Der Umsatz des pfarreigenen Dritte-Welt-Ladens scheint wichtiger als das Allerheiligste, das längst in irgendeiner Nische Zuflucht gefunden hat. Der Arbeitskreis „Befreiung und Emanzipation der Frauen in Taiwan" tagt wöchentlich, der Pfarrbrief hat die Beichttermine längst gestrichen. Pfarrer müssen sich vor aufgebrachten Eltern rechtfertigen, weil sie die Kinder nicht nur zur Kommunion, sondern auch zur Beichte führen. Oder weil sie feixende oder gelangweilte Firmlinge, die den Katecheten ihr Desinteresse deutlich zeigen, zurechtweisen.

Die Geburt des „Korn- und Lichtkindes"

Wir öffnen unsere Kirchen für Partys, Kinonächte, Bauchtanz und bald wohl auch für spiritistische Sitzungen. Wo sollen auch Grenzen sein, wenn der eine das „nicht schlimm“ findet, der andere jenes „cool“. Das Ergebnis solcher „Events“: Tagesapplaus der Lokalzeitung, in die am nächsten Tag die Heringe eingeschlagen werden. Immer offener werden, transparenter, Frischluft reinlassen – Jesus fände es doch sicher toll, wenn wir ihn so in unsere Mitte holen! Natürlich, manches geschieht aus bester Absicht, doch auch „gut Gemeintes“ kann falsch und pietätlos sein. Das beweisen auch so manche überdrehte „JuGos“ (so nennt man heute „Jugendgottesdienste“), kindische „FaGos“ (Familiengottesdienste), die selbst Kinder als peinlich empfinden, und die wachsende Sehnsucht vieler, auch jüngerer Kirchgänger nach „NoGos“ (normaler Gottesdienst).

In einem süddeutschen Bistum wird während des Gottesdienstes Pingpong über den Altar gespielt – als Zeichen irgendeines Brückenschlags. Im Bistum Münster läßt sich der Zelebrant während eines Brautamtes kurz vor der Opferung Sekt und Gläser reichen, um mit dem Brautpaar auf seinen eigenen Geburtstag anzustoßen. Die Gemeinde applaudiert und singt fröhlich „Viel Glück und viel Segen“. Die Liturgie als netter Plausch bei kleinen Häppchen.

Von 87 Veranstaltungen des Jahresprogramms 2001 der Bildungseinrichtung einer katholischen Ordensgemeinschaft schließen 56 Veranstaltungen Tänze mit ein. Da gibt es „Bach-Blüten-Tanzseminare“, man lernt die „magische Kraft der Schamanentrommeln“, die „heilende Wirkung“ von Tänzen ägyptischer Mythen. Und beim „rituellen Tanz zur Sommersonnenwende ... werden wir tänzerisch der roten Sommerkraft der Göttin begegnen.“ Bei der „Tanzmeditation zur Weihnacht“ heißt es: „Wir feiern die Geburt des Korn- und Lichtkindes“. Will man wirklich „normal“ empfindenden Menschen so den Weg zur Wahrheit des Glaubens erschließen?

Es geht um alles

Jeder vernünftige Christ will eine frohe Kirche, für jeden von ihnen ist der christliche Glaube voller Freude und Freiheit, ist er eine Kraftquelle für den Alltag. Doch viele wünschen sich auch, daß in unserer Kirche die Pflege des übernatürlichen Lebens, die Beachtung der Gebote, die Liebe zu Gott, das Gebet, der Empfang der Sakramente, der Kampf gegen die persönlichen Schwächen – und die Wegzehrung, die nötig ist, um in den Himmel zu kommen, an erster Stelle stehen.

Gott hat den Menschen nicht als Marionette, sondern als Person mit freiem Willen erschaffen. Und Christen glauben, daß die Art und Weise, wie sie dieses Leben führen, darüber entscheiden wird, wo und wie sie das ewige Leben verbringen werden. Das können andere belächeln, hierüber dürfen sie sich amüsieren. Kein Problem. Kritisch wird es, wenn Vertreter der Kirche und „engagierte Laien“ mit- oder vorgrinsen.

Nicht umsonst gilt der Stolz in der katholischen Kirche als schwerste Sünde. Wenn jeder, ob Laie oder Priester, den Ball einfach mal flach halten würde, sich selbst und seine so wichtige „Meinung“ ein bißchen weniger „einbringen“, sondern zurücknehmen würde, es sähe anders aus mit der Kirche in Europa. „Tapferkeit“, eine der vier christlichen Kardinaltugenden, und „Gehorsam“, einer der drei evangelischen Räte, daß Laien und Geistliche diese beiden Tugenden aus derselben Haltung des Vertrauens, die wir mit großer Selbstverständlichkeit auch anderen „Experten“ entgegenbringen, neu entdecken – ich wünsche es mir von Herzen!

Christus liebt die Sünder, diejenigen, die sich ihrer Schwächen bewußt sind, die sich mühen und doch wieder fallen. Die Stolzen, Selbstzufriedenen und Lauen aber, die mag er nicht. Darüber wenigstens könnte doch „Konsens" herrschen. Zumindest das sollten unsere Kinder lernen dürfen. Auch von unseren Priestern.

Keuschheit, Liebe, Freundschaft

Für eine gute Ehe muß man arbeiten. Vor allem an sich selbst.

Antiquiert sei sie. Überflüssig. Eine Erfindung der Kirche. Sie widerstrebe der menschlichen Natur. Und Treue sei eine Tugend, die man nicht von jedem erwarten könne. So heißt es über die lebenslange Ehe. Sie hat längst keine Konjunktur mehr. Man kuschelt lieber mit anderen Lebensformen und Partnerschaftsmodellen. Lebensabschnittsgefährten, Bettgenossen und Episodenkumpel sind beliebter als Ehegatten. Weit mehr als ein Drittel der Ehen wird geschieden, Tendenz steigend. Der Wind bläst der christlichen Ehe und Treue verdammt eisig ins Gesicht.

Verständlich? Die Kirche lehrt, durch die Spende des Ehesakramentes würden Mann und Frau ein Fleisch und blieben doch zwei Personen. Wer soll das wirklich verstehen? Welche ungeheuren Konsequenzen bedeutet dies? Es bleibt ebenso unbegreiflich wie die Mysterien der Dreifaltigkeit und Transsubstanziation. Entweder man glaubt sie oder nicht.

Die christliche Ehe setzt Liebe voraus. Was aber ist Liebe? Die Liebe ist ein Absolutes, bei ihr gibt es kein Feilschen. Niemand erträgt ein Wenn und Aber, wenn es darum geht, wie er geliebt wird. „Solange Du schön bist, wenn Du Geld hast, wenn Du einflußreich bist, wenn Du dies und wenn Du jenes ...“: all das sind Bedingungen, die man stellt, ehe man einen Vertrag oder ein Geschäft abschließt. Die Liebe aber läßt sich nicht vor einen Karren spannen, sie erträgt keine Einschränkungen und Schemata. Deshalb hält man sie für verrückt. In dieser Verrücktheit aber, in jener „amour fou“ fühlen sich Menschen wirklich frei. Anders ist das Phänomen „Ehe“ nicht erklärbar. Das große Risiko, das in dieser Freiheit liegt, macht ein altes russisches Sprichwort deutlich: Wenn du zur See fährst, bete ein Mal, wenn du in den Krieg ziehst, bete zwei Mal, aber wenn du heiratest, dann bete drei Mal!

Beten für eine gute Ehe. Hier beginnt das, was christliche Ehe ausmacht. Ein grosses Versprechen vor dem Altar, vor Gott. Vertrauen und Treue weit über das hinaus, was man erahnen kann: „Ich verspreche dir die Treue in guten und in bösen Tagen, in Gesundheit und Krankheit. Ich will dich lieben, achten und ehren, solange ich lebe." Christen wagen das, weil sie mit Gottes Hilfe und Gnade rechnen dürfen. Man kann so leben, wenn man liebt.

Die kirchliche Trauung, das Sakrament der Ehe, das sich die Eheleute selber spenden, besitzt ein völlig anderes Selbstverständnis, eine absolute Dimension gegenüber dem Vertrag vor dem Standesamt. Die Eheschließung ist und bleibt ein Akt Gottes, der immer wieder neu schafft: „Ihr werdet nicht mehr zwei, sondern ein Fleisch sein." Auch wenn ein solcher Schöpfungsakt kaum begreifbar ist – das ist der Fels, auf den die Gatten in Notsituationen bauen können. Es ist Gott, der sie verbindet. Viele mögen hierüber lächeln. Doch am Tag ihrer Hochzeit hat Gott den Eheleuten versprochen, daß er mit ihnen sein werde. Wer Gott mit in seine Ehe hinein nimmt, wer sich bemüht, in nebligen Zeiten an sein Treueversprechen vor dem Altar zu denken, wer Gott ehrlich bittet, die eheliche Liebe zu erhalten, dem fällt es leichter, Versuchungen und Widerwärtigkeiten einzuordnen und sie zu bewältigen. Das Vertrauen auf Gott ist keine Garantie für ein Gelingen der Ehe – aber eine große Hilfe!

Und trotzdem, weiß man eigentlich, was man tut, wenn man einem Menschen die Treue für ein ganzes Leben verspricht, einfach weil man glaubt, daß man ihn liebt? Wohl kaum. Man nimmt alles, was man hat: sich selbst, seine eigene Zukunft mit ihren Träumen und Hoffnungen, die eigenen Talente und alles Hab und Gut und legt es ein für allemal in die Hände eines anderen Menschen. Das ist ein Sprung in die Dunkelheit, das totale Risiko, eine Selbstaufgabe, auf die man sich nur deshalb einläßt, weil etwas, das der Verstand allein niemals begreifen wird, zum Herzen spricht.

Einfach ist es nicht, aber es lohnt ...

Als Christus einmal über die Ehe sprach, erwiderten die Apostel bedrückt, wenn die Ehe solche Anforderungen an den Menschen stellt, dann wäre es wohl besser, gar nicht zu heiraten. Deutlicher geht es nicht. Kein Zweifel, das biblische Bild von Liebe, Ehe und Familie ist ein hohes Ideal. Das ist richtig, und doch nicht die ganze Wahrheit. Auch wenn der Mensch immer Sünder bleibt, so gibt Gott ihm nach christlichem

Verständnis die Kraft und Gnade, im wesentlichen nach dem Gesetz der Liebe zu leben. Allerdings ein guter Wille allein genügt nicht. Eheliche Treue hängt entscheidend von der Treue zu Gott ab.

Nicht viele Paare begreifen, daß die schönen Gefühle der ersten Stunde eigentlich vom lieben Gott sozusagen als Startkapital für ein Leben zu zweit geschenkt werden. Nach einer gewissen Zeit aber muß man selber etwas tun, um das Startkapital nicht nur aufrechtzuerhalten, sondern auch zu vergrössern. Wer verliebt ist, dem fällt die Treue nicht schwer. Schwierig wird es, wenn das Gefühl der Liebe zumeist aus alltäglichen Gründen schwindet: Die Attraktivität des Partners läßt nach. Unliebsame Gewohnheiten des anderen, die das Verliebtsein einst verdrängte, gewinnen an Bedeutung. Die früheren Reize, die das gemeinsame Sexualleben ausmachten, sind schwächer geworden. Zärtlichkeiten werden kaum noch ausgetauscht. Der Mann, der am Abend nach Hause kommt, begrüßt seinen Hund vor der Ehefrau. Man schweigt und redet nicht mehr über sich, über die eigenen Wünsche und Erwartungen, sondern bloß noch über die Kinder.

Da ist der „kleine Streit“ – und die „Zeit danach“. Das eisige Schweigen, das Schmollen, das schlimmer sein kann als die laute Diskussion. Man läßt etwas im Raum stehen, läßt den Partner spüren, daß man „verletzt“ ist. Wie schön doch das Baden im Selbstmitleid sein kann, das Hand in Hand geht mit dem Wissen, so dem anderen weh zu tun. In diesen Momenten, die Größe zu besitzen, auf ihn zuzugehen, ihn in den Arm zu nehmen und einfach zu sagen: „Tut mir leid! Komm, wir vergessen das!“ – das fällt schwer.

Dann sind da die „kleinen Aufmerksamkeiten“: dem Partner zu sagen, daß man ihn liebt, daß man ihn immer noch attraktiv findet, daß man um die vielen Kleinigkeiten, die der andere meist im Verborgenen in Haus und Garten erledigt, weiß, ja, daß man sie auch benennt: der stets gefüllte Kleider- und Kühlschrank, das sauber geharkte kleine Rosenbeet, die akkurat gebügelten Hemden, die frischen Schnittblumen auf dem Tisch, die neue Glühbirne, der Handtuchhalter.

Jede Ehe ist anders. Patentrezepte gibt es nicht. Wohl aber kleine Hilfen und Ratschläge, deren Wirksamkeit schon manche erfahren haben. So mancher Gläubige wird diese Zeilen belächeln, „Hab ich doch nicht nötig“ murmeln, im Bewußtsein, daß in der Ehe doch „ganz anderes bedeutend“ sei. Sicher ist vieles wichtiger. Doch es sind die kleinen Füchse, die die Weinberge verwüsten. Auch in christlichen Ehen! Und sie können zu Wölfen mutieren, wenn „normale“ Krisen oder Unerwartetes hinzukommen. Dann können sie dazu beitragen, eine innere Abneigung zu kultivieren und zu nähren. Dann wird es möglich, daß sich der Partner auf jene „Kleinigkeiten“ fixiert, sie förmlich sucht. Wer das bejaht, dem könnten folgende Punkte möglicherweise helfen:

„Wem Sie die Schuld geben, dem geben Sie die Macht.“

Ein Motto des bekannten Finanzexperten und Bestsellerautors Bodo Schäfer lautet: „Wem Sie die Schuld geben, dem geben Sie die Macht“. Je mehr Schuld die berühmten „Umstände“ von Ehe und Partnerschaft für das eigene Unwohlsein tragen, desto mächtiger werden sie. Deshalb ist es hilfreich, bei sich selbst Fehler zu suchen – und die Dinge positiv und offensiv anzugehen: nicht permanent über die Unzulänglichkeiten in seiner Ehe lamentieren, nicht ständig über Verlust und Verzicht jammern, sondern bewußt das Schöne und Positive sehen wollen, das, bei allen Problemen, Treue und eine gesunde Ehe mit sich bringen! Das Glas kann nun einmal halb voll oder halb leer sein.

Eminent wichtig bleibt das Gespräch der Partner! Über alles, was bedrängt, beschäftigt, beklemmt. Offen, ehrlich und rücksichtsvoll zugleich. Kaum etwas braucht peinlich zwischen Liebenden zu sein. Peinlich ist es, wenn Ehepartner es bei Andeutungen belassen, weil sie sich schämen, die Dinge beim Namen zu nennen. Dann kann's gefährlich werden, denn wenn Worte fehlen, gewinnen heimliche Gedanken an Macht. Sprachlosigkeit und Rückzug in die eigene Intimität und Phantasiewelt sind der beste Dünger für Seitensprünge und gescheiterte Ehen.

Auch das ist wichtig für das Gespräch: Die Genderideologen, für die Mann und Frau wesensgleich sind, sie irren. Frauen und Männer sind und lieben auch unterschiedlich. Frauen brauchen Fürsorge. Wenn ein Mann Interesse an den Gefühlen einer Frau zeigt und sich von Herzen um ihr Wohlergehen sorgt, hat sie das Gefühl, geliebt und umsorgt zu werden. Die Frau braucht es, daß man ihr zuhört. Männer verstehen das oft nicht, sie wollen der Frau immer nur Lösungen anbieten. Das will die Frau aber nicht. Sie braucht nur, angehört zu werden, denn das zeigt ihr, der Mann nimmt Anteil an ihrem Leben. Der Mann hingegen braucht Anerkennung. Johannes Paul II. sagt sinngemäß: „Der Mann liebt, um geliebt zu werden, die Frau will geliebt werden, um zu lieben."

Reden ja, unbedingt! Doch zugleich nichts unnötig dramatisieren, den Ball möglichst flach halten. Sich immer wieder den Stellenwert der „Kleinigkeit" bewußt machen. Übrigens, in Humor verpackt sagt sich vieles leichter und liebevoller ...

Freundschaft und Distanz

„Sei nicht so feige, ‚mutig' zu sein. Fliehe", so schreibt der heilige Escrivá de Balaguer. Kluge Worte, die gute Menschenkenntnis verraten. Wer ernsthaft gewillt ist, seinem Partner treu zu bleiben, der sollte sich schon im Vorfeld möglicher Versuchungen klug verhalten. Es geht nicht um falsche Skrupel vor potentiellen Tretminen, sondern um

Klugheit und das realistische Einschätzen konkreter Situationen, die irgendwann „gefährlich“ werden könnten. Es geht um die berühmten Kleinigkeiten – wie beispielsweise zu demjenigen, den man aus Nachbarschaft, Schule oder Büro kennt und der attraktiver erscheint als andere, von Beginn an ein wenig größere höfliche Distanz zu halten.

Die Frage des Ehebruchs stellt sich ganz selten erst im „entscheidenden Moment“, sondern lange zuvor. Der Seitensprung beginnt im Kopf, und wer sich immer wieder in Gedanken verführerischen Phantasien überläßt oder sie sucht, der schwächt sein Immunsystem. Wer mit dem Feuer spielt, nimmt Brandblasen in Kauf. Ein solches Spiel erscheint am Anfang immer harmlos, die Vorsicht übertrieben. Und Argumente hierfür fehlen nie: Wir sind doch beide erwachsen; ist doch nichts dabei; ich hab doch alles im Griff und liebe meine Frau; ist doch nur ein Kaffee. Um dann nachher zu lügen: „Also ehrlich, das hat mich überkommen wie ein Orkan. Ich konnte nichts tun ...“ Deshalb ist Vorsicht und Mißtrauen gegenüber der eigenen Natur und persönlichen Schwächen geboten.

Wichtig ist auch, die Freundschaft mit seinem Partner zu pflegen. Freundschaft schützt bekanntlich vor Unfairneß und Lüge. Offen zu sein für die Wünsche, Anliegen und Gedanken des anderen – auch wenn es um Sexualität geht. Hier schaden Rede- und Denkverbote oder Tabus, die den Respekt vor Würde und Scham des Partners nicht verletzen. Der eigene selbstzufrieden stimmende Vorsatz, treu zu sein – er reicht nicht aus und riecht nach Pharisäertum. Zur Verantwortung des Ehepartners gehört ebenso, alles zu tun, um den anderen vor Untreue zu schützen. Es ihm leicht zu machen, treu zu bleiben. Und das kann sehr viel anstrengender und schwieriger sein. Bodo Schäfer sagt es so: „Wir müssen nicht hoffen, ein Ziel zu erreichen, wir müssen nicht versuchen, ein Ziel zu erreichen – dann wollen wir es nicht. Wer etwas versucht, wartet letztlich auf ein Hindernis, das ihn abhält."

Dann das ständige Arbeiten an sich selbst, an seinen Fehlern, Angewohnheiten und, falls möglich, an seinen Veranlagungen. Tödlich ist der Rückzug auf den vermeintlich sicheren, doch trügerischen Hügel: Ich bin verheiratet, ertrage genügend Angewohnheiten von ihr, da soll sie doch auch mal großzügig mit mir sein. Aufrechnen, Gegenrechnen, selbstgefälliges Zurücklehnen mögen menschlich sein, Freundschaft aber kennt kein Soll und Haben, keinen Taschenrechner. Es gibt genügend Beispiele für Angewohnheiten des Partners, die anfangs unbedeutend schienen: die nie zugeschraubte Zahnpastatube, Haare in der Duschwanne, Hygiene in Bad und WC, das achtlose Stehenlassen der leeren Bierflasche oder des halbvollen Aschenbechers auf dem Wohnzimmertisch, die lieblos über den Stuhl im Schlafzimmer geworfenen Kleidungsstücke, die fehlende Bereitschaft des Mannes, nur ein- oder zweimal wöchentlich das Frühstück vorzubereiten oder die prinzipielle Weigerung der Frau, das Innere des Autos zu säubern. Banal, ich weiß.

Hygiene und Ästhetik

In vielen Ehen spielen all diese „Kleinigkeiten" und Nachlässigkeiten kaum eine Rolle, werden sie von den Partnern großzügig und liebevoll geduldet, in anderen Partnerschaften können sie üble Folgen haben. Vor allem jene, die das äußere Erscheinungsbild betreffen, wenn die körperliche Attraktivität im Laufe der Jahre naturgemäß abnimmt, und sich der Ehepartner kaum noch müht, „in Form“ zu bleiben. Unförmig werden, nachlässige Kleidung, mangelnde Hygiene, Körper- und Mundgeruch können Folgen sein – und der Volksmund sagt nicht grundlos: „Den kann ich nicht mehr riechen“, wenn er seine gewachsene Abneigung ausdrücken will.

Ist einer der Ehepartner dick geworden, so bleibt die Qualität der Ehe hiervon häufig unbelastet. Doch die Leibesfülle des einen kann auch dahin führen, daß der andere ihn bei jeder Mahlzeit, bei jedem Stück Kuchen – häufig unbewußt – beobachtet: Wieviel ißt er heute? Schlingt er gar? Könnte er nicht auf das Nachnehmen einmal verzichten? Ihr scheint es ja völlig gleichgültig zu sein, ob mir ihre Leibesfülle mißfällt. Und auch für den beleibten Partner kann es schwierig werden: Kann ich noch nachnehmen, oder was denkt er dann? Sicher achtet er drauf, er ist so still und guckt so ... Vornehmlich Frauen, die in solchen Situationen leben, essen häufig schon vor den Mahlzeiten „heimlich“ beim Kochen oder während ihrer Einkäufe den einen oder anderen Happen – um dann bei Tisch zurückhaltend zu wirken.

Was also tun? In der Regel steht der Ehegatte immer wieder vor ein und derselben Entscheidung: Läßt er die wachsende Abneigung gegenüber „Kleinigkeiten" zu, ja pflegt er sie, um dann stöhnend im Selbstmitleid zu baden, wie schwer er es doch habe? Oder wehrt er sich gegen solch aufkeimende Gefühle und müht er sich, den anderen gern zu haben, ihn zu lieben – trotz oder auch gerade wegen seiner Angewohnheiten und Veranlagungen?

Rücksicht auf Befindlichkeiten

Viele Ehen leiden auch unter einer übertriebenen Sorge der Mütter um ihre Kinder. „Opfer" einer allzu passionierten Mutterschaft allerdings sind häufig die Männer. Die sich vernachlässigt fühlen ob der „Eindringlinge" in ihre bislang glückliche Zweierbeziehung, in der die Frau vor allem auch Weib, und nicht bloß Mutter war. Klar, auch Väter lieben ihre Kinder, sind vernarrt in den Nachwuchs. Und doch fällt ihnen wachsende körperliche Abstinenz und das zunehmende Schamgefühl ihrer Frau immer schwerer. Männer verlangen nach mehr Quantität beim Miteinanderschlafen, die Frauen nach mehr Qualität bei Zärtlichkeiten, aber oft findet keines von beiden statt.

Wer liebt, der nimmt Rücksicht auf die Befindlichkeiten des anderen. Das bedeutet häufig, Verzicht zu üben. Gerade in der Sexualität, vor allem dann, wenn die Partner natürlich verhüten. Partner schlafen naturgemäß miteinander, wenn beide es wünschen und danach verlangen. Ehe aber heißt auch, für den anderen dann einmal da zu sein, wenn dieser alleine das dringende Bedürfnis verspürt, mit dem Partner zusammenzukommen. Wenn die Begierde ihn nicht losläßt. So schreibt Professor Bernhard Häring in seinem moraltheologischen Standardwerk der fünfziger Jahre „Das Gesetz Christi“: „Und gerade in diesen Tagen werden solche Zärtlichkeiten von einem oder von beiden Teilen oft mehr ersehnt. Die taktvolle, rücksichtsvolle Liebe muß die Not des anderen spüren und ihm helfen, bald durch Vermeiden, bald durch Schenken der Zärtlichkeit.“ Wer um die gefallene Natur des Menschen weiß, der vermag das mit Natürlichkeit einzuordnen und anzunehmen.

Häring fährt fort: „Ein wesentliches Merkmal der ehelichen Keuschheit liegt darin, daß die Last und Sorge der Triebbeherrschung nicht der einzelne Gatte für sich alleine trägt, sondern daß sich beide gemeinsam und solidarisch um die Erfüllung dieser Aufgabe mühen. Dazu sind sie auf Grund der ehelichen Liebe und vor allem auf Grund des Sakramentes der Ehe in heiliger Weise verpflichtet. Echte Liebe schaut auf den Nächsten. (...) Gefährlich ist aber auch die Haltung eines Gatten, der sich einseitig nur um die Beherrschung seines Triebes kümmert, ohne genügend daran zu denken, daß er vor allem die Liebe seines Gatten wach zu halten und ihm durch die erwiesene Liebe die Beruhigung der Triebunruhe zu erleichtern hat."

Ehen können aus vielen Gründen unglücklich sein oder gar scheitern. Ein Grund kann sein, daß einem der Partner Sexualität auf Dauer unangenehm, ja lästig wird. Oder irgend etwas ihn zu jener edel klingenden Überzeugung kommen läßt, wahre Liebe habe ein rein geistiges, übernatürliches Fundament, und Lustempfinden und „Körperlichkeit" seien trivial oder gar eklig. Die ständige Haltung des Sichverweigerns kann sehr bequem und letztlich auch mitverantwortlich sein für ein Scheitern der Ehe. Ebenso wie die widernatürlich-übertriebene Zuneigung zu den eigenen Kindern, die den

Partner ins Abseits drängt. Das gilt übrigens auch für Männer.

Sexualität und Eros als Salz in der Ehe

Ja, Sexualität ist wichtig. Die meisten Menschen heiraten nicht, um gemeinsam den Rosenkranz zu beten. Zugegeben, Eltern und gleichzeitig Geliebte und Geliebter zu sein – das ist nicht leicht. Sich Freiräume schaffen, Zweisamkeit bewußt genießen, die Sinnlichkeit als Salz der Ehe lebendig zu halten, all das bleibt häufig ein Vorsatz. Wenn überhaupt. Der Alltag holt die Ehepaare und Eltern meist ein. Der Laden muß laufen, die Arbeitsteilung klappen, Aufträge müssen erledigt werden – wie in einer Firma, wie unter guten Kumpels. Die einzige Gemeinsamkeit, die häufig übrigbleibt: eben die Kinder. So ist es folgerichtig, daß sich so manche Eltern dann gegenseitig mit „Mutti" oder „Papa" ansprechen.

Es mag provozierend klingen, doch je egoistischer ein Paar ein Paar bleibt, um so mehr profitiert die Familie. Je mehr die Ehepartner darauf bedacht sind, Mann und Frau zu bleiben, desto sicherer ist die Existenz der Familie. Und je mehr sie bemüht sind, die Sinnlichkeit in ihrer Ehe wach zu halten, desto ausgeglichenere Eltern erleben die Kinder. Es gibt die Lust, es gibt das Begehren, das befriedigt sein will – und beides ist gut, weil von Gott gewollt, solange es sich in der von ihm gegebenen Ordnung abspielt.

Die Kirche spricht immer wieder von der zentralen Bedeutung der Geschlechtlichkeit und lehrt, daß sich die Ehe erst im Geschlechtsverkehr vollzieht. Der bedeutende Scholastiker Thomas von Aquin schreibt, daß auch die mit der Geschlechtskraft verbundene Lust etwas in sich Gutes ist, und dem Mensch ebenso angemessen sei wie Lachen oder Schlafen. Die Frage von Erotik, Lust und Sexualität in der Ehe ist also alles andere als ein Tabuthema, für das es manche immer noch halten.

Ein fester Abend in der Woche, der nur den Eltern gehört. Er braucht nichts Spektakuläres zu bieten: einen Kneipen- oder Kinobesuch, bei dem man sich die Hände wie Frischverliebte hält, einen Abendspaziergang im Sommer, bei dem man den anderen in den Arm nimmt „wie früher", einen Schaufensterbummel in der Innenstadt, der Wünsche weckt – und Gespräche über sich, die gemeinsamen Freunde, über

Pläne und Wünsche. Gesten der Wärme und Nähe, die nicht gestört werden von dem Wunsch, auf den Arm genommen zu werden, noch ein Käsebrot zu kriegen, von der „Mitteilung" einer zehnten Prügelei oder einem neuen Wackelzahn.

An solchen Abenden kann das vertraute Kribbeln im Bauch neu erwachen. Wenn er ihr beim Spazierengehen zärtlich den Nakken streichelt, wenn sie ihm den Schal genau so um den Hals wickelt wie vor Jahren – und ihm dabei verschmitzt lächelnd und fest in die Augen schaut. Wenn sich beide vor dem Ausgehen überlegen, was sie anziehen, wie sie sich für den anderen attraktiv machen, wie sie auf ihn erotisch wirken können. Bei ihr vielleicht ein wenig Schminke, ein raffiniert geschnittenes Kostüm, aufgeföhnte Haare oder, wenn nötig, rasierte Unterschenkel. Und bei ihm ein Pullover, der den kleinen Bauch nicht betont, sondern kaschiert, ein gutes Aftershave, eine Hose, die nicht baumelt, sondern sitzt, gepflegte Hände ...

Tödlich für Sinnlichkeit, Lust und Verlangen in der Ehe kann die Mentalität wirken: Mein Mann oder meine Frau soll mich schließlich so lieben, wie ich bin! Da ist die

Angewohnheit mancher „Herren der Schöpfung“, am Abend nach reichlichem Konsum von Tabak, Alkohol oder schmackhaft gewürztem Essen Zahnbürste und Dusche links liegenzulassen, bevor sie unter die Decke kriechen. Der Job war wieder einmal so stressig, daß die liebende Frau für den geliebten Mann doch wohl Verständnis haben muß, man ist halt zu geschafft für solche Nebensächlichkeiten. Morgen früh wieder, wenn wichtige Termine in der Firma anstehen! Und außerdem, frischen Atem und wohlriechende Körper, das gibt's halt nur in der Werbung. Und wenn dann die Frau und Geliebte nicht gerade seine körperliche Nähe sucht, sondern sich wegdreht, so sind Männer häufig auch noch überrascht oder gar verärgert. Hier mit berechtigten „Ansprüchen“ auf eheliche Pflichterfüllung im Stillen zu argumentieren, wäre ein klassisches Eigentor, vielmehr geht es um eigene Trägheit und Bequemlichkeit.

Auf Chinesisch bedeutet das Wort Krise „Gelegenheit“

Sinnlichkeit in der Ehe. Für den anderen begehrenswert bleiben, ohne daß die mit den Jahren und der Kinderzahl wachsende Scham verletzt wird, ohne sich prostituieren zu müssen. Blicke, Worte, Kleidung, Körperpflege, die Sinnlichkeit und Begehren fördern, ohne Schamgefühl und Intimität zu provozieren, sie sind nicht nur erlaubt, sondern in einer gesunden Ehe gefordert.

Wie gesagt, ein Patentrezept für die Ehe gibt es nicht. Weil jedes Paar für sich definiert, wie lebendig, wie spannend und sinnlich die eigene Beziehung sein soll. Entscheidend aber ist, daß der einzelne sich anstrengt, die eigene Bequemlichkeit zu überwinden. Und daß ein Paar immer mal wieder innehält und sich sagt: Zwischen uns, da ist etwas, das gab es schon, bevor wir eine Familie wurden, und ohne das es keine Familie gegeben hätte. Und das ist kostbar, zerbrechlich, das braucht viel Aufmerksamkeit, Sensibilität und Zuwendung – und keine falsche Scheu.

Wer sich um eine gute Ehe mühen will, wer bereit ist, den Kampf gegen die schleichende Lethargie aufzunehmen, der erfährt eine Freude, die mehr bedeuten kann als die Verliebtheit in jungen Jahren. Viele „alte“ Ehepaare, die gemeinsam durch dick und dünn gegangen sind, die stürmische Zeiten und Krisen erlebt haben, geben Beispiel dafür, daß es lohnt, zusammenzubleiben. Sich die Treue und dann auch noch im hohen Alter ehrlichen Herzens die Hände zu halten. Nein, die Ehe ist kein Zuckerschlecken. Krisen gehören dazu. Auf Chinesisch bedeutet das Wort Krise „Gelegenheit". Die Krise ist eine Chance zum Neubeginn. In der Ehe erlebt ein Paar sehr unterschiedliche Phasen. Jedesmal geht es darum, die Kurve zu kriegen. Gelingt dies, so geht die Liebe gestärkt aus ihr hervor.

Gott fragt zuerst nach dem Partner

Ein erfahrener Priester mahnte einmal einen jungen Mann, der am nächsten Tag heiraten wollte: „Wenn du nach deinem Tod vor Gott stehst, dann wird er dich nicht zuerst nach deinem beruflichen Erfolg, nach deinen Kindern, nach deinen ‚moralischen Noten' oder nach dem Wuchern mit deinen Talenten fragen. Die erste Frage wird lauten, ob du jene Frau glücklich gemacht hast, die er dir vor dem Altar anvertraut hat." Der junge Mann fragte sich nicht, woher der Priester das wissen wolle. Aber er dachte oft in den folgenden Jahren an diese Mahnung – und häufig half sie ihm, an leicht abgekühlten Ehetagen neu zu beginnen.

Die Ehe, sie bleibt etwas für Abenteurer. Doch Abenteuer bleiben kalkulierbar, wenn sie gut vorbereitet werden, wenn ihr Ziel klar definiert ist, und wenn diejenigen, die es eingehen, um „Erfolg“ ringen wollen. Nicht aus Prinzip, aus Besessenheit oder egoistischem Ehrgeiz. Sondern aus Liebe und Treue zu einem Menschen, mit dem man ein Leben „schaffen“ will. Kein leichtes Unternehmen! Doch die Erfahrung zeigt, daß es mit Einsatz, Gottvertrauen und Respekt vor „Naturgewalten“ gelingen kann. Und daß genau das zu tiefempfundenem Glück führen kann. Und in den Himmel. Der leider an Attraktivität verloren hat. Wer sich aber Mühe gibt, seine Berufung zur Ehe gut zu leben, dem wird der Himmel applaudieren. Denn der Himmel weiß es nun mal am besten: *It's a hard way to heaven ...*

Der Autor

Michael Müller wurde 1958 in Aachen geboren und machte 1976 Abitur. Nach dem Studium der Geschichte, Romanistik und des Öffentlichen Rechts an den Universitäten Köln und Bonn gründete er 1987 die „Agentur für Publizistik und Reportagen" und 1991 den „MM Verlag". Michael Müller ist verheiratet und Vater von vier Kindern.